Essential

Mandarin Chinese
phrase book

Compiled by
Philip Yungkin Lee

S0-AFI-364

PERIPLUS

Published by Periplus Editions (HK) Ltd. with editorial offices at
364 Innovation Drive, North Clarendon, Vermont 05759 U.S.A. and
130 Joo Seng Road #06-01, Singapore 368357.

LCC Card No.: 2004300390
ISBN-13: 978-0-7946-0041d-9
ISBN-10: 7946-0041-7

Distributed by:

Asia Pacific
Berkeley Books Pte. Ltd.
130 Joo Seng Road #06-01
Singapore 368357
Tel: (65) 6280-1330   Fax: (65) 6280-6290
inquiries@periplus.com.sg
www.periplus.com

North America, Latin America & Europe
Tuttle Publishing
364 Innovation Drive
North Clarendon, VT 05759-9436 U.S.A.
Tel: 1 (802) 773-8930
Fax: 1 (802) 773-6993
info@tuttlepublishing.com
www.tuttlepublishing.com

Japan
Tuttle Publishing
Yaekari Building, 3rd Floor
5-4-12 Osaki
Shinagawa-ku
Tokyo 141-0032
Tel: (81) 03 5437-0171
Fax: (81) 03 5437-0755
tuttle-sales@gol.com

10 09 08 07   9 8 7 6

Printed in Singapore

Contents

Introduction

● **Welcome to the Periplus Essential Phrase Books series, covering the world's most popular languages and containing everything you'd expect from a comprehensive language series. They're concise, accessible, and easy to understand, and you'll find them indispensable on your trip abroad.**

Each guide is divided into 15 themed sections and starts with a pronunciation table that explains the phonetic pronunciation for all the words and phrases you'll need to know for your trip. At the back of the book is an extensive word list and grammar guide that will help you construct basic sentences in your chosen language.

Throughout the book you'll come across colored boxes with a ⬤ beside them. These are designed to help you if you can't understand what your listeners are saying to you. Hand the book over to them and encourage them to point to the appropriate answer to the question you are asking.

Other colored boxes in the book—this time without the symbol—give alphabetical listings of themed words with their English translations beside them.

For extra clarity, we have put all English words and phrases in **black** and foreign language terms in red.

This phrase book covers all subjects you are likely to come across during the course of your visit, from reserving a room for the night to ordering food and drink at a restaurant and what to do if your car breaks down or you lose your traveler's checks and money. With over 2,000 commonly used words and essential phrases at your fingertips, you can rest assured that you will be able to get by in all situations, so let the Essential Phrase Book become your passport to a secure and enjoyable trip!

<u>Pronunciation table</u>

The imitated pronunciation should be read as if it were English, bearing in mind the following main points:

<u>Consonants</u>

b, d, f, g, h, k, l, m, n, p, s, t, w, y as in English

c	like English **ts** in i**ts**
j	like English **j** in **j**eep
q	like English **ch** in **ch**eer, with a strong puff of air
r	like English **ur** in leis**ur**e, with the tongue rolled back
x	like English **see** (whole word)
z	like English **ds** in ki**ds**
ch	like English **ch** in **ch**urch, with the tongue rolled back and a strong puff of air
sh	like English **sh** in **sh**e, with the tongue rolled back
zh	like English **j**, with the tongue rolled back

<u>Vowels</u>

a	like English **ar** in f**ar**
e	like English **ur** in f**ur**
i	like English **ee** in f**ee**
o	like English **or** in f**or**
u	like English **ue** in s**ue**
ü	like French **u**

<u>Tones</u>

A tone is a variation in pitch by which a syllable can be pronounced. In Chinese, a variation of pitch or tone changes the meaning of the word. There are four tones each marked by a diacritic. In addition there is a neutral tone which does not carry any tone marks. Below is a tone chart which describes tones using the 5-degree notation. It divides the range of pitches from lowest (1) to highest (5). Note that the neutral tone is not shown on the chart as it is affected by the tone that precedes it.

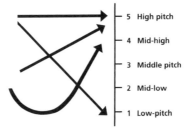

5	High pitch
4	Mid-high
3	Middle pitch
2	Mid-low
1	Low-pitch

The first tone is a high-level tone represented by a level tone mark ▬ .

The second tone is a high-rising tone represented by a rising tone mark ╱ .

The third tone is a low-dipping tone represented by a dish-like tone mark ╲╱ .

The fourth tone is a high-falling tone represented by an falling tone mark ╲ .

The neutral tone is pronounced light and soft in comparison to other tones and is not marked by any tone mark. A syllable is said to take on a neutral tone when it forms part of a word or is placed in various parts of a sentence.

Useful lists

Useful lists

1.1 Today or tomorrow?

What day is it today?	今天是星期几？ Jīntiān shì xīngqījǐ?
Today's Monday	今天是星期一 Jīntiān shì xīngqīyī
Tuesday	星期二 xīngqī'èr
Wednesday	星期三 xīngqīsān
Thursday	星期四 xīngqīsì
Friday	星期五 xīngqīwǔ
Saturday	星期六 xīngqīliù
Sunday	星期天／星期日 xīngqītiān/xīngqīrì
in January	（在）一月 (zài) Yīyuè
since February	二月以来 Èryuè yǐlái
in spring	（在）春天 (zài) chūntiān
in summer	（在）夏天 (zài) xiàtiān
in autumn	（在）秋天 (zài) qiūtiān
in winter	（在）冬天 (zài) dōngtiān
2001	二零零一年 Èrlínglíngyī nián
the twentieth century	20 世纪 Èrshí shìjì
the twenty-first century	21 世纪 Èrshíyī shìjì
What's the date today?	今天几号？ Jīntiān jǐ hào?
Today's the 24th	今天是 24 号 Jīntiān èrshísì hào
Wednesday 3 November	十一月三号，星期三 Shíyīyuè sānhào, Xīngqīsān
in the morning	（在）早上 (zài) zǎoshang
in the afternoon	（在）下午 (zài) xiàwǔ
in the evening	（在）晚上 (zài) wǎnshang

at night	（在）夜里
	(zài) yèlǐ
this morning	今天早上
	jīntiān zǎoshang
this afternoon	今天下午
	jīntiān xiàwǔ
this evening	今天晚上
	jīntiān wǎnshang
tonight	今天晚上
	jīntiān wǎnshang
last night	昨天晚上
	zuótiān wǎnshang
tomorrow night	明天晚上
	míngtiān wǎnshang
this week	这个星期
	zhè ge xīngqī
last week	上个星期
	shàng ge xīngqī
next week	下个星期
	xià ge xīngqī
this month	这个月
	zhè ge yuè
last month	上个月
	shàng ge yuè
next month	下个月
	xià ge yuè
this year	今年
	jīnnián
last year	去年
	qùnián
next year	明年
	míngnián
in...days/weeks/ months/years	天／星期／月／年…以后
	tiān/ xīngqī/ yuè/ nián…yǐhòu
...weeks ago	…（个）星期／礼拜以前
	…(ge) xīngqī/ lǐbài yǐqián
two weeks ago	两个星期以前
	liǎng ge xīngqī yǐqián
two weeks ago	两个礼拜以前
	liǎng ge lǐbài yǐqián
day off	休假日
	xiūjiàrì

.2 Legal holidays

● **Apart from Chinese New Year** which is celebrated throughout China with two weeks off from work, other holidays are mostly observed in the cities with time off to celebrate the festivities. There are two types of festivals, traditional and modern. The former follow the Lunar Calendar which identifies the months sequentially as the First Month, the Second Month, etc. Chinese New Year or the Spring Festival varies every year but falls between the last 10 days of January and the first 10 days of February each year. Modern holidays are historically linked to the New China with National Day (October 1) and Labor Day (May 1) heading the list. National Day and Labor Day are each celebrated with a week off work when people are encouraged to spend and go for holidays in an attempt to stimulate the economy. On these occasions, government institutions and bank head offices are closed for business. However, local bank branches are open for about 5 hours a day for 1 to 3 days. Shopping centers are open till midnight while supermarkets and medium-sized shops keep normal opening hours. Local shops and convenience stores vary, some trading for fewer hours during the holidays.

January 1: New Year's Day
[Yīyuè yīhào] Xīnnián/ Yuándàn 新年 / 元旦

January/February: Chinese New Year
(Lunar Calendar: First Day of the First Month)
[Nónglì Zhēngyuè yīrì] Chūnjié 春节

January/February: Lantern Festival
(Lunar Calendar: Fifteenth Day of the First Month)
[Nónglì Zhēngyuè shíwǔrì] Yuánxiāojié 元宵节

March 8: Women's Day
[Sānyuè bāhào] Fùnǚjié 妇女节

April 5: Festival of Sweeping Ancestors' Graves
[Sìyuè wǔhào] Qīngmíngjié 清明节

May 1: Labor Day
[Wǔyuè yīhào] Láodòngjié 劳动节

May 4: Youth Festival
[Wǔyuè sìhào] Qīngniánjié 青年节

June 1: Children's Day
[Liùyuè yīhào] Értóngjié 儿童节

June: Dragon Boat Festival
(Lunar Calendar: Fifth Day of the Fifth Month)
[Nónglì Wǔyuè wǔrì] Duānwǔjié 端午节

July 1: Foundation Day of Chinese Communist Party
[Qīyuè yīhào] Jiàndǎngjié 建党节

August 1: Foundation Day of the People's Liberation Army
[Bāyuè yīhào] Jiànjūnjié 建军节

Mid-Autumn: Mid-Autumn Festival
[Nónglì Bāyuè shíwǔrì] Zhōngqiūjié 中秋节

October 1: National Day
[Shíyuè yīhào] Guóqìngjié 国庆节

 .3 What time is it?

What time is it?	几点（钟）了／什么时候了？
	Jǐ diǎn (zhōng) le?/ Shénme shíhoule ?
It's nine o'clock	九点
	Jiǔ diǎn
five past ten	十点五分／十点过五分
	shí diǎn wǔ fēn / shí diǎn guò wǔ fēn
a quarter past eleven	十一点一刻
	shí yī diǎn yī kè

twenty past twelve	十二点二十分
	shí'èr diǎn èrshí fēn
half past one	一点半/ 一点三十分
	yī diǎn bàn/ yī diǎn sānshí fēn
twenty-five to three	两点三十五分 / 差二十五分三点
	liǎng diǎn sānshíwǔ fēn / chà èrshíwǔ fēn sān diǎn
a quarter to four	三点四十五分 / 三点三刻 / 差一刻四点
	sān diǎn sìshíwǔ fēn / sān diǎn sān kè / chà yī kè sì diǎn
ten to five	四点五十分 / 差十分五点
	sì diǎn wǔshí fēn / chà shífēn wǔ diǎn
It's midday (twelve noon)	中午了 / 十二点了
	zhōngwǔ le / shí'èr diǎn le
It's midnight	晚上十二点
	wǎnshàng shí'èr diǎn
half an hour	半个钟头 / 半个小时
	bàn ge zhōngtóu / bàn ge xiǎoshí
What time?	几点 / 什么时候?
	jǐ diǎn / shénme shíhou?
What time can I come by?	我几点可以过来?
	wǒ jǐ diǎn kěyǐ guòlaí?
At...	在...
	zài
After...	...以后
	... yǐhòu
Before...	...以前
	... yǐqián
Between 4:00 and 5:00	四点和五点之间
	sì diǎn hé wǔ diǎn zhījiān
From...to...	从...到...
	cóng... dào...
In...minutes	...分钟以后
	... fēnzhōng yǐhòu
an hour	一个钟头 / 一个小时以后
	yī ge zhōngtóu / yī ge xiǎoshí yǐhòu
two hours	两个钟头 / 两个小时以后
	liǎng ge zhōngtóu / liǎng ge xiǎoshí yǐhòu
a quarter of an hour	一刻钟 / 十五分钟以后
	yī kèzhōng / shíwǔ fēnzhōng yǐhòu
three quarters of an hour	三刻钟 / 四十五分钟以后
	sān kèzhōng / sìshíwǔ fēnzhōng yǐhòu
too early/late	太早了 / 太晚了
	tài zǎo le / tài wǎn le
on time	准时 / 按时
	zhǔnshí / ànshí
summertime (daylight saving)	夏令时
	xiàlìngshí
wintertime	冬季时间
	dōngjì shíjiān

Useful lists

0	零	líng
1	一	yī
2	二	èr
3	三	sān
4	四	sì
5	五	wǔ
6	六	liù
7	七	qī
8	八	bā
9	九	jiǔ
10	十	shí
11	十一	shíyī
12	十二	shí'èr
13	十三	shísān
14	十四	shísì
15	十五	shíwǔ
16	十六	shíliù
17	十七	shíqī
18	十八	shíbā
19	十九	shíjiǔ
20	二十	èrshí
21	二十一	èrshíyī
22	二十二	èrshí'èr
30	三十	sānshí

31	三十一	sānshíyī
32	三十二	sānshí'èr
40	四十	sìshí
50	五十	wǔshí
60	六十	liùshí
70	七十	qīshí
80	八十	bāshí
90	九十	jiǔshí
100	一百	yībǎi
101	一百零一	yībǎi líng yī
110	一百一十	yībǎi yīshí
111	一百一十一	yībǎi yīshíyī
200	二百 / 两百	èrbǎi / liǎngbǎi
300	三百	sānbǎi
400	四百	sìbǎi
500	五百	wǔbǎi
600	六百	liùbǎi
700	七百	qībǎi
800	八百	bābǎi
900	九百	jiǔbǎi
1,000	一千	yīqiān
1,100	一千一百	yīqiān yībǎi
2,000	二千 / 两千	èrqiān / liǎngqiān
10,000	一万	yīwàn
100,000	十万	shíwàn

1,000,000	（一）百万 (yī)bǎiwàn
10,000,000	（一）千万 (yī)qiānwàn
1st	第一 dìyī
2nd	第二 dì'èr
3rd	第三 dìsān
4th	第四 dìsì
once	一次 yí cì
twice	两次 liǎng cì
double	两倍 liǎng bèi
triple	三倍 sān bèi
half	一半 yíbàn
a quarter	四分之一 sìfēnzhīyī
a third	三分之一 sānfēnzhīyī
some/a few	一些 / 几个 yìxiē / jǐge
2 + 4 = 6	二加四等于六 èr jiā sì děngyú liù
4 - 2 = 2	四减二等于二 sì jiǎn èr děngyú èr
2 x 4 = 8	二乘四等于八 èr chéng sì děngyú bā
4 ÷ 2 = 2	四除于二等于二 sì chúyú èr děngyú èr
even/odd	双数 / 单数 shuāngshù / dānshù
total	一共 yígòng

1.5 The weather

Is the weather going to be good/bad?	天气会好吗？ / 会坏吗？ Tiānqì huì hǎo ma? / huì huài ma?
Is it going to get colder/hotter?	天气要变冷 / 热了吧？ Tiānqì yào biàn lěng / rè le ba?
What temperature is it going to be?	（今天）气温多少度？ (Jīntiān) qìwēn duōshao dù?

Is it going to rain? _____ （今天）会下雨吗？
(Jīntiān) huì xiàyǔ ma?

Is there going to be a _____ （今天）会有风暴吗？
storm? (Jīntiān) huì yǒu fēngbào ma?

Is it going to snow? _____ （今天）会下雪吗？
(Jīntiān) huì xiàxuě ma?

Is it going to freeze? _____ （今天）会结冰吗？
(Jīntiān) huì jiébīng ma?

Is the thaw setting in? _____ 解冻了吗？
Jiědòng le ma?

Is it going to be foggy? _____ （今天）会下雾吗？
(Jīntiān) huì xiàwù ma?

Is there going to be a _____ （今天）会有雷雨吗？
thunderstorm? (Jīntiān) huì yǒu léiyǔ ma?

The weather's changing _____ 变天了
Biàn tiān le

It's going to be cold _____ 天要变冷了
Tiān yào biàn lěng le

What's the weather _____ 今天／明天的天气怎么样？
going to be like today/ Jīntiān / Míngtiān de tiānqì zěnmeyàng?
tomorrow?

闷热 sweltering/muggy	蓝天／多云／阴天 clear skies/cloudy/ overcast	暴风雨 storm
有霜 frost	很热 very hot	又冷又潮湿 cold and damp
下雨 rain	（摄氏）度 ...degrees (Celsius)	大雾／多雾的 fog/foggy
晴朗 sunny	零下…度 ...degrees (below zero)	潮湿 humid
夜间有霜 overnight frost	晴朗 fine/clear	凉快 cool
大风 gusts of wind	大雨 heavy rain	下雪 snow
晴天 fine	雹子／冰雹 hail	飓风 hurricane
冰／结冰的 ice/icy	闷人的 stifling	阴冷的 bleak
暴雨／倾盆大雨 downpour	和风／大风／狂风 moderate/strong/ very strong winds	多云状态 cloudiness
霜／寒冷 frost/frosty	暖和的 mild	风 wind
晴／天晴 sunny day		热风 heatwave
		刮风的 windy

Useful lists

1.6 Here, there...

See also 5.1 Asking for directions

here, over here / there, over there	这儿 / 这里，那儿 / 那里 zhèr/zhèlǐ , nàr/nàli
somewhere	某处 mǒuchù
everywhere	到处 dàochù
far away/nearby	遥远 / 附近 yáoyuǎn / fùjìn
(on the) right/ (on the) left	在右边 / 在左边 zài yòubiān / zài zuǒbiān
to the right/left of	靠右边 / 靠左边 kào yòubiān / kàozuǒbiān
straight ahead	一直往前走 yīzhí wǎng qián zǒu
via	经过 / 由 jīngguò / yóu
in/to	（在）… 里 / 到 (zài) ... lǐ / dào
on	（在）… 上 (zài) ... shàng
under	（在）… 下 (zài) ... xià
against	跟… 相对 gēn ... xiāngduì
opposite/facing	对面 duìmiàn
next to	挨着 /（在）… 旁边 āizhe/ (zài) ... pángbiān
near	靠近 kàojìn
in front of	（在）… 前面 (zài) ... qiánmiàn
in the center	（在）… 中间 (zài) ... zhōngjiān
forward	向前 xiàng qián
down	向下 xiàng xià
up	向上 xiàng shàng
inside	里边 lǐbiān
outside	外边 wàibiān
at the front	（在）…前面 (zài) ... qiánmiàn
at the back	（在）…后面 (zài) ... hòumiàn

in the north	（在）…北边
	(zài) ... běibiān
to the south	在…以南
	zài ... yǐ nán
from the west	（从）…西边
	(cóng) ... xībiān
from the east	（从）…东边
	(cóng) ... dōngbiān

.7 What does that sign say?

See 5.2 Traffic signs

交通标志
traffic signs

出租
for hire

卖完
sold out

侯客 / 侯机 / 侯车室
waiting room

热水 / 冷水
hot/cold water

紧急刹车
emergency brake

安全出口 / 自动楼梯
fire escape/escalator

非饮用水
water (not for drinking)

停用
not in use

推
push

出租
for rent

洗手间
bathrooms

拉
pull

宾馆 / 旅馆
hotel

待维修
out of order

旅行咨询处
tourist information bureau

停（止）
stop

出售
for sale

邮局
post office

高压电
high voltage

问讯处
information

紧急出口
(emergency) exit

打开
open

免费入场
entrance (free)

当心恶狗
beware of the dog

请勿打扰 / 请勿触摸
please do not disturb/touch

油漆未干
wet paint

危险
danger

无人
vacant

有人
engaged

请勿抽烟 / 请勿乱丢废屑
no smoking/ no litter

售票处
ticket office

时刻表
timetable

此路不通 / 禁止入内
no access/no entry

警察（局）/ 公安（局）
police

医院
hospital

灭火局 / 消防局
fire department

兑换
exchange

行人
pedestrians

收款处
cashier

危险 / 易燃 / 致命
danger/fire hazard/ danger to life

停止营业 / 休假 / 装修施工
closed (for holiday/ refurbishment)

交通警察
traffic police

满 / 客满
full

急救室 / 事故急诊室
first aid/accident and emergency (hospital)

禁止打猎 / 禁止钓鱼
no hunting/fishing

预订席 / 包席
reserved

入口
entrance

Useful lists

ao	now	到 dào	(arrive)
b	bee	白 bái	(white)
c	(i)ts	藏 cáng	(hide)
ch	ch	茶 chá	(tea)
d	day	地 dì	(earth)
e	her	这 zhè	(this)
ei	day	背 bèi	(the back)
er	err	儿 ér	(son)
f	far	饭 fàn	(meal)
g	good	狗 gǒu	(dog)
h	how	行 háng	(row)
i	eat	你 nǐ	(you)
ian	yen	电 diàn	(electricity)
ie	yes	裂 liè	(crack)
iu	you	丢 diū	(lose)
j	jeep	家 jiā	(home)
k	key	看 kàn	(see)
l	lay	蓝 lán	(blue)
m	my	米 mǐ	(uncooked rice)
n	nine	能 néng	(energy)
o	awe	破 pò	(broken)
ou	low	豆 dòu	(bean)
p	pea	怕 pà	(scare)
q	cheer	请 qǐng	(please)
r	rat	人 rén	(people)
s	see	三 sān	(three)
sh	she	深 shēn	(deep)
t	tea	田 tián	(field)
u	wool	路 lù	(road)
ui	way	灰 huī	(grey)
uo	ward	拖 tuō	(drag)
ü	ü (French)	鱼 yú	(fish)
üe	Ÿ + ebb	学 xué	(learn)
w	way	晚 wǎn	(late)
x	see	谢 xiè	(thank)
y	young	羊 yáng	(sheep)
z	kids	脏 zāng	(dirty)
zh	gauge	周 zhōu	(week)

.9 Personal details

● **In China** the family name comes first and the given name next. Titles come after the family name. For example, Mr Wang is Wáng xiānsheng 王先生 and Ms Wang is either Wáng xiǎojie 王小姐 or Wáng nǚshì 王女士. The title tàitai 太太 is given to married women and is placed after the husband's surname. This is the convention still used by Chinese women in Hong Kong, Macau, Taiwan and outside China. In Mainland China, however, Chinese women now do not adopt their husband's surname after marriage. Overseas Chinese and foreigners will have to get used to this new convention and address married women by their maiden name, e.g. if her surname is Lǐ 李 she should be addressed as Lǐ xiǎojie 李小姐 or Lǐ dàjiě 李大姐 (for older woman). However, you may even use the older title tàitai 太太 after the husband's surname in formal situations.

surname	姓 xìng
first name	名字 míngzi
initials	名字缩写 xìngmíng suōxiě
address (street/number)	地址（街／门牌号） dìzhǐ (jiē/ménpáihào)
postal code/town	邮编／城市 yóubiān/chéngshì
sex (male/female)	性别（男／女） xìngbié (nán/nǚ)
nationality/citizenship	国籍 guójí
date of birth	出生日期 chūshēng rìqī
place of birth	出生地点 chūshēng dìdiǎn
occupation	职业 zhíyè
marital status	婚姻状况 hūnyīn zhuàngtài
married/single	已婚／未婚 yǐhūn/wèihūn
widowed	寡妇／鳏夫 guǎfù/guānfū
(number of) children	儿女（数目） érnǚ (shùmù)
passport/identity card/ driving license number	护照／身份证／驾驶执照号码 hùzhào / shēnfènzhèng / jiàshǐzhízhào hàomǎ
place and date of issue	签发地点／签发日期 qiānfā dìdiǎn / qiānfā rìqī
signature	签名 qiānmíng

Useful lists

Courtesies

2 Courtesies

● **It is normal** in China to shake hands on meeting and parting company. The strength of the handshakes is determined by the level of acquaintance and the importance of the occasion. Generally one should refrain from giving a strong handshake to male or female acquaintances. Hugging is reserved for relatives and kissing on the cheeks is rarely seen among Chinese except perhaps on occasions involving expatriate communities.

2.1 Greetings

Hello/Good morning, Mr Williams
你好 / 早，威林先生！
Nǐ hǎo / Zǎo, Wēilín xiānsheng!

Hello/Good morning, Mrs Jones
你好 / 早，琼司太太 / 夫人！
Nǐ hǎo / Zǎo, Qióngsī tàitai / fūren!

Hello, Peter
你好，彼德！
Nǐ hǎo, Bǐdé!

Hi, Helen
你好，凯伦！
Nǐ hǎo, Kǎilún!

Good morning, madam
早上好，太太 / 夫人
Zǎoshang hǎo, tàitai / fūren!

Good afternoon, sir
早上好，先生！
Zǎoshang hǎo, xiānsheng!

Good afternoon/evening
你好 / 晚上好！
Nǐ hǎo / Wǎnshang hǎo!

Hello/Good morning
你好 / 早上好！
Nǐ hǎo / Zǎoshang hǎo!

How are you?/ How are things?
你好吗 / 怎么样？
Nǐ hǎo ma? / Zěnmeyàng?

Fine, thank you, and you?
还好，谢谢，你呢？
Hái hǎo, xièxie, nǐ ne?

Very well, and you?
很好，你呢？
Hěn hǎo, nǐ ne?

In excellent health/ In great shape
精神好 / 身体好
Jīngshén hǎo / Shēntǐ hǎo

So-so
马马虎虎 / 还行 / 凑合
Mǎmǎhūhū / hái xíng / còuhé

Not very well
不怎么好
Bù zěnme hǎo

Not bad
不错 / 还好
Búcuò / Hái hǎo

I'm going to leave
我走了
Wǒ zǒu le

I have to be going, someone's waiting for me
我得走了，有人在等我
Wǒ děi zǒu le, yǒu rén zài děng wǒ

Good-bye
再见！
Zàijiàn!

See you later
回头见！/ 一会儿见！
Huítóu jiàn! / Yìhuǐr jiàn!

See you soon ——————— 再见！
Zàijiàn!

See you in a little while! —— 待会儿见！
Dāi huǐr jiàn!

Sweet dreams! ——————— 做个好梦
Zuò ge hǎo mèng!

Good night! ——————— 晚安！
Wǎn'ān!

All the best/Good luck! —— 祝你好运！
Zhù nǐ hǎo yùn!

Have fun! ——————— 玩开心点儿！
Wánr kāixīn diǎnr!

Have a nice vacation! —— 假期愉快！
Jiàqī yúkuài!

Bon voyage/ ——————— 一路平安！／旅途愉快！
  Have a good trip   Yī lù píng'ān / lǚtú yúkuài

Thank you, ——————— 谢谢，你也一样
  the same to you   Xièxie, nǐ yě yíyàng

Say hello to/Give my —— 代…问好／请你代我向…问好
  regards to... (formal)   Dài...wèn hǎo / Qǐng nǐ dài wǒ xiàng ...wèn hǎo

Say hello to... (informal) — 给…带个好
                             Gěi ... dài ge hǎo

2 .2 How to ask a question

Who? ——————— 谁？
shéi?

Who's that?/Who is it?/ —— 是谁？／您是谁？／谁呀？
  Who's there?   Shì shéi? / Nín shì shéi? / Shéi ya?

What? ——————— 什么？
Shénme?

What is there to see? —— 有什么看的？
Yǒu shénme kàn de?

What category of ——————— 这家旅馆是几星级的？
  hotel is it?   Zhè jiā lǚguǎn shì jǐ xīng jí de?

Where? ——————— 哪儿？／哪里？
Nǎr / Nǎli?

Where's the bathroom? —— 厕所在哪儿／在哪里？
Cèsuǒ zài nǎr / nǎli?

Where are you going? —— 你上哪儿／哪里去？
Nǐ shàng nǎr / nǎli qù?

Where are you from? —— 你从哪儿／哪里来？
Nǐ cóng nǎr / nǎli lái?

What?/How? ——————— 什么／怎么？
Shénme? / Zěnme?

What's your name? ——————— 您贵姓？／怎么称呼您？
  (formal)   Nín guì xìng? / Zěnme chēnghū nín?

What's your name? ——————— 你叫什么名字？
  (informal)   Nǐ jiào shénme míngzi?

How far is that? ——————— 要多远？
Yào duō yuǎn?

How long does that take?	要多久？/ 要多长时间？ Yào duō jiǔ? / Yào duō cháng shíjiān?
How long is the trip?	路程要多久？/ 路程要多长时间？ Lùchéng yào duō jiǔ / Lùchéng yào duō cháng shíjiān?
How much?	多少钱？ Duōshao qián?
How much is this?	这（个）多少钱？ Zhè (ge) duōshao qián?
What time is it?	几点了？/ 什么时候了？ Jǐ diǎn le? / Shénme shíhou le?
Which one/s?	哪个 / 哪些？ Nǎ ge / Nǎ xiē?
Which glass is mine?	哪个杯子是我的？ Nǎ ge bēizi shì wǒde?
When?	什么时候？ Shénme shíhou?
When are you leaving? (formal)	你什么时候出发？ Nǐ shénme shíhou chūfā?
Why?	为什么？ Wèishénme?
Could you...? (formal)	能 / 可以…吗？/ 可不可以…？/ 请… Néng / kěyǐ ... ma? / Kě bu kěyǐ ... ? / Qǐng ...
Could you help me/ give me a hand please?	你能 / 可以帮助我吗？ Nǐ néng / kěyǐ bāngzhu wǒ ma? 请给我帮个忙 Qǐng gěi wǒ bāng ge máng
Could you point that out to me/show me please?	请指给我看 Qǐng zhǐ gěi wǒ kàn
Could you come with me, please?	请跟我来 Qǐng gēn wǒ lái
Could you reserve/book me some tickets please?	请给我预订几张票 Qǐng gěi wǒ yùdìng jǐ zhāng piào
Could you recommend another hotel?	请给我推荐另一家旅馆，好吗？ Qǐng gěi wǒ tuījiàn lìng yī jiā lǚguǎn, hǎo ma?
Do you know...? (formal)	你知不知道…？ Nǐ zhī bu zhīdao ... ?
Do you know whether...?	你知不知道是否…？ Nǐ zhī bu zhīdao shìfǒu ... ?
Do you have...?	有没有…？ Yǒu méiyǒu ... ? ...
Do you have a vegetarian dish, please?	请问，有没有素食的菜 / 素菜？ Qǐngwèn, yǒu méiyǒu sùshí de cài / sùcài?
I would like...	我要（一个）…？ Wǒ yào (yí ge) ...
I'd like a kilo of apples, please	请给我一公斤苹果 Qǐng gěi wǒ yī gōngjīn píngguǒ
Can/May I?	我能 / 可以…？ Wǒ néng / kěyǐ ...?
Can/May I take this away?	我能 / 可以拿走吗？ Wǒ néng / kěyǐ názǒu ma?

Can I smoke here?	我可以在这里抽烟／吸烟吗？
	Wǒ kěyǐ zài zhèlǐ chōuyān / xīyān ma?
Could I ask you something?	可以问您件事儿吗？
	Kěyǐ wèn nín jiàn shìr ma?

2.3 How to reply

My name is ...	我姓／我叫…
	Wǒ xìng ... / Wǒ jiào ....
Yes, of course	是，当然
	Shì, dāngrán
No, I'm sorry	不是，对不起
	Búshì, duìbuqǐ
Yes, what can I do for you?	对，找我有事儿吗？
	Duì, zhǎo wǒ yǒu shìr ma?
Just a moment, please	请等一会儿
	Qǐng děng yìhuǐr
No, I don't have time now	对不起，我现在没有空儿
	Duìbuqǐ, wǒ xiànzài méiyǒu kòngr
No, that's impossible	对不起，我办不到
	Duìbuqǐ, wǒ bànbudào
I think so/I think that's absolutely right	我看是这样，／我想绝对没问题
	Wǒ kàn shì zhèyàng / Wǒ xiǎng juéduì méi wèntí
I think so too/I agree	我也觉得是这样　／我同意
	Wǒ yě juéde shì zhèyàng / Wǒ tóngyì
I hope so too	我也但愿是这样
	Wǒ yě dànyuàn shì zhèyàng
No, not at all/ Absolutely not	不，不是这样　／绝对不是
	Bù, búshì zhèyàng / Juéduì búshì
No, no one	没有，没有人
	Méiyǒu, méiyǒu rén
No, nothing	不／没有
	Bù, méiyǒu
That's right	说得对
	Shuōde duì
Something's wrong	出事了／出问题了
	Chūshì le / Chū wèntí le
I agree (don't agree)	我同意　／（我不同意）
	Wǒ tóngyì (Wǒ bù tóngyì)
OK/it's fine	好，没有问题
	Hǎo, méiyǒu wèntí
OK, all right	好，就这样
	Hǎo, jiù zhèyàng
Perhaps/maybe	也许／可能
	Yěxǔ / Kěnéng
I don't know	我不知道
	Wǒ bù zhīdao

.4 Thank you

Thank you ————	谢谢！ Xièxie
You're welcome ————	不客气 Bú kèqi
Thank you very much/ ———— Many thanks	感谢感谢 / 非常感谢 Gǎnxiè gǎnxiè / fēicháng gǎnxiè
Very kind of you ————	您太客气了 Nín tài kèqi le
My pleasure ————	别客气 / 荣幸荣幸 Bié kèqi / Róngxìng róngxìng
I enjoyed it very much ————	我非常喜欢 Wǒ fēicháng xǐhuan
Thank you for... ————	谢谢你给我… Xièxie nǐ gěi wǒ ...
You shouldn't have/ ———— That was so kind of you	你不该这样客气 / 您太客气了 Nǐ bù gāi zhèyàng kèqi / Nín tài kèqi le
Don't mention it! ————	不用谢 Búyòng xiè!
That's all right ————	不客气 Bú kèqi

.5 Sorry

Excuse me/pardon me/ ———— sorry (formal)	劳驾 / 抱歉 / 对不起 Láojià / Bàoqiàn / Duìbuqǐ
Excuse me/pardon me/ ———— sorry (informal)	请问一下 / 对不起 / 麻烦你了 Qǐng wèn yīxià / Duìbuqǐ / Máfan nǐ le
Sorry, I didn't know that... ————	对不起，我不知道… Duìbuqǐ, wǒ bù zhīdao ...
Excuse/pardon me (formal)	劳驾 / 请问 Láojià / Qǐngwèn
I do apologize ———— (formal/informal)	我真诚道歉 / 太对不起了 Wǒ zhēnchéng dàoqiàn / Tài duìbuqǐ le
I'm sorry ————	对不起 Duìbuqǐ
I didn't mean it/ ———— It was an accident	我根本没想到 / 这是个意外 Wǒ gēnběn méi xiǎngdào / Zhè shì ge yìwài
That's all right/Don't ———— worry about it (formal)	不要紧 / 没关系 Búyàojǐn / Méi guānxi
Never mind/Forget it ———— (informal)	不碍事 / 没事 Bú ài'shì / Méi shì
It could happen to anyone ————	谁也免不了 Shéi yě miǎnbuliǎo

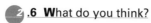

Which do you prefer?/ like best? (formal)	你喜欢哪个？／你最喜欢哪个？ Nǐ xǐhuan nǎ ge? / Nǐ zuì xǐhuan nǎ ge?
What do you think? (informal)	你觉得怎么样？ Nǐ juéde zěnmeyàng?
Don't you like dancing?	你不会不喜欢跳舞吧？ Nǐ bú huì bù xǐhuan tiàowǔ ba?
I don't mind	我无所谓 Wǒ wúsuǒwèi
Well done!	太棒了！ Tài bàng le!
Not bad!	不错！ Búcuò!
Great!/Marvelous!	好极了！ Hǎojíle!
Wonderful!	太好了！ Tài hǎo le!
How lovely!	太美了！ Tài měi le!
I am pleased for you (formal/informal)	我为你高兴／我替你高兴 Wǒ wèi nǐ gāoxìng / Wǒ tì nǐ gāoxìng
I'm very happy/ delighted to...	…我很高兴 .... wǒ hěn gāoxìng
It's really nice here!	这里简直太好了！ Zhèlǐ jiǎnzhí tài hǎo le!
How nice! / How nice for you!	真好！ Zhēn hǎo!
I'm (not) very happy with...	我对…很满意／我对…不满意 Wǒ duì ... hěn mǎnyǐ / Wǒ duì ... bù mǎnyì
I'm glad that....	我为…高兴 Wǒ wèi ... gāoxìng
I'm having a great time	我玩儿得太高兴了 Wǒ wánrde tài gāoxìng le
I can't wait till tomorrow	我可等不到明天啦 Wǒ kě děngbudào míngtiān la
I'm looking forward to tomorrow	我期待着明天的来临 Wǒ qīdàizhe míngtiān de láilín
I hope it works out	我希望一切进行顺利 Wǒ xīwàng yíqiè jìnxíng shùnlì
How awful!	太糟糕了！ Tài zāogāo le!
It's horrible	太恐怖了！ Tài kǒngbù le!
That's ridiculous!	太可笑了！ Tài kěxiào le!
That's terrible!	太可怕了！ Tài kěpà le!
What a pity/shame!	真可惜！ Zhēn kěxī!

Courtesies

2

How disgusting!	真恶心！
	Zhēn èxīn!
What nonsense/	说什么废话！／真是胡闹！
How silly!	Shuō shénme fèihuà! / Zhēn shì hú'nào!
I don't like it/them	我不喜欢　／我不喜欢他们
	Wǒ bù xǐhuan / Wǒ bù xǐhuan tāmen
I'm bored to death	闷死了！
	Mènsǐ le
I'm fed up	烦死人了！
	Fánsǐ rén le
This is no good	这可不好
	Zhè kě bù hǎo
This is not what I expected	我可没想到会这样
	Wǒ kě méi xiǎngdào huì zhèyàng

Courtesies

3

Conversation

Conversation

3.1 I beg your pardon?

I don't speak any/ I speak a little...	我不会说… / 我会说一点… Wǒ bú huì shuō... / Wǒ huì shuō yìdiǎn ...
I'm American	我是美国人 Wǒ shì Měiguórén
Do you speak English? (formal)	你会说英语 / 英文吗？ Nǐ huì shuō Yīngyǔ / Yīngwén ma?
Is there anyone who speaks...?	这里有没有人会说…？ Zhèlǐ yǒu méiyǒu rén huì shuō ... ?
I beg your pardon/What?	什么？ Shénme?
I (don't) understand	我（不）懂 Wǒ (bù) dǒng
Do you understand me? (formal)	你懂我说的话吗？ Nǐ dǒng wǒ shuō de huà ma?
Could you repeat that, please?	请你再说一遍 Qǐng nǐ zài shuō yí biàn
Could you speak more slowly, please?	请你说慢一点 Qǐng nǐ shuō màn yìdiǎn
What does this/ that mean?	这 / 那是什么意思？ Zhè / Nà shì shénme yìsi?
It's more or less the same as...	这跟…差不多一样 Zhè gēn ... chàbuduō yíyàng
Could you write that down for me, please?	请给我写下来 Qǐng gěi wǒ xiěxiàlai
Could you spell that for me, please?	请用字母拼出来 Qǐng yòng zìmǔ pīnchūlai
Could you point to the phrase in this book, please?	请在这本书里指出这句话 Qǐng zài zhè běn shū lǐ zhǐchū zhè jù huà
Just a minute, I'll look it up	请等一等，我查查这本书 Qǐng děngyiděng, wǒ chácha zhè běn shū
I can't find the word/ the sentence	我找不到这个词 / 句子 Wǒ zhǎobudào zhè ge cí/jùzi
How do you say that in...?	…怎么说？ ... zěnme shuō?
How do you pronounce that word?	这个词怎么念？ Zhè ge cí zěnme niàn?

3.2 Introductions

May I introduce myself?	我介绍一下自己，可以吗？ Wǒ jièshào yīxià zìjǐ, kěyǐ ma?
My name's...	我叫… Wǒ jiào ...
I'm...	我是… Wǒ shì ...

What's your name? (formal)	请问，您贵姓？ Qǐngwèn, nín guìxìng?
What's your name? (informal)	你叫什么名字？ Nǐ jiào shénme míngzi?
May I introduce...?	我来介绍，这是…，这是… Wǒ lài jièshào, zhè shì ..., zhè shì ...
This is my wife/husband	这是我妻子／丈夫 zhè shì wǒ qīzi/zhàngfu
This is my daughter/son	这是我女儿／儿子 zhè shì wǒ nǚ'ér/érzi
This is my mother/father (formal)	这是我母亲／父亲 zhè shì wǒ mǔqin/fùqin
This is my mother/father (informal)	这是我妈／我爸 zhè shì wǒ mā／wǒ bà
This is my fiancée/fiancé	这是我未婚妻／未婚夫 zhè shì wǒ wèihūnqī／wèihūnfū
This is my girl/boy friend	这是我女朋友／男朋友 zhè shì wǒ nǚpéngyou／nánpéngyou
This is my friend	这是我朋友 zhè shì wǒ péngyou
How do you do	你好吗？ Nǐ hǎo ma?
Hi, pleased to meet you (informal)	你好，认识你很高兴 Nǐ hǎo, rènshi nǐ hěn gāoxìng
Pleased to meet you (formal)	幸会，幸会！／认识你很高兴 Xìnghuì, xìnghuì! / Rènshi nǐ hěn gāoxìng
Where are you from? (formal/informal)	你是哪国人？／你从哪里来？ Nǐ shì nǎguòrén? / Nǐ cóng nǎli lái?
I'm American	我是美国人 Wǒ shì Měiguórén
What city do you live in?	你住在哪个城市？ Nǐ zhù zài nǎ ge chéngshì?
In.../near...	在…／靠近… Zài ... / Kàojìn ...
Have you been here long?	你来这里多久了？ Nǐ lái zhèlǐ duō jiǔ le?
A few days	只有几天 zhǐyǒu jǐ tiān
How long are you staying here?	你要在这儿住多久？ Nǐ yào zài zhèr zhù duō jiǔ?
We'll (probably) be leaving tomorrow	我们（可能）明天走 Wǒmen (kěnéng) míngtiān zǒu
We'll (probably) be leaving in two weeks	我们（可能）两个星期走 Wǒmen (kěnéng) liǎng ge xīngqī zǒu
Where are you staying?	你住在哪儿？ Nǐ zhù zài nǎr?
I'm staying in a hotel	我住在一家宾馆 Wǒ zhù zài yì jiā bīn'guǎn
I'm staying with friends/relatives	我住在朋友／亲戚家 Wǒ zhù zài péngyou / qīnqi jiālǐ

Are you here on your own?/Are you here with your family?	你一个人来吗？／你跟家人来吗？ Nǐ yí ge rén lái ma? / Nǐ gēn jiārén lái ma?
I'm on my own	我一个人来 Wǒ yí ge rén lái
I'm with my wife/husband	我跟我妻子／丈夫来 Wǒ gēn wǒ qīzi/zhàngfu lái
- with my family	我跟家人来 Wǒ gēn jiārén lái
- with relatives	我跟亲戚来 Wǒ gēn qīnqi lài
- with a friend/friends	我跟朋友来 Wǒ gēn péngyou lài
Are you married?	你结婚了没要？ Nǐ jiēhūn le méiyǒu?
Do you have a steady boy/girlfriend?	你有男朋友／女朋友没有？ Nǐ yǒu nǚpéngyou / nánpéngyou méiyǒu?
I'm married	我结婚了 Wǒ jiēhūn le
I'm single	我是单身的 Wǒ shì dānshēn de
I'm not married	我没结婚 Wǒ méi jiēhūn
I'm separate	我跟我妻子／丈夫分居了 Wǒ gēn wǒ qīzi / zhàngfu fēnjū le
I'm divorced	我离婚了 Wǒ líhūn le
I'm a widow/widower	我的丈夫／妻子去世了 Wǒ de zhàngfu / qīzi qùshì le
I live alone	我一个人住 Wǒ yí ge rén zhù
Do you have any children/grandchildren?	你有没有孩子／孙子？ Nǐ yǒu méiyǒu háizi / sūnzi?
How old are you?	你多大了？ Nǐ duō dà le? (addressing young people) 您今年多大了？ Nín jīnnián duō dà le? (informal way of addressing older people) 您多大岁数／年纪了？ Nín duō dà suìshù / niánjì le? (formal way of addressing older people)
How old is she/he?	她／他多大了？ Tā duō dà le?
I'm...(years old)	我今年…岁 Wǒ jīnnián ... suì
She's/He's...(years old)	她／他今年…岁 Tā jīnnián ... suì
What do you do for a living? (formal/informal)	你做什么工作？ Nǐ zuò shénme gōngzuò? 你是做什么的？ Nǐ shì zuò shénme de?

3

Conversation

Conversation

3

I work in an office	我在办公室工作 Wǒ zài bàn'gōngshì gōngzuò
I'm a student	我是学生 Wǒ shì xuésheng
I'm unemployed	我失业了 Wǒ shīyè le
I'm retired	我退休了 Wǒ tuìxiū le
I'm on a disability pension	我在领伤残抚恤金 Wǒ zài lǐng shāngcán fǔxùjīn
I'm a housewife	我是家庭妇女 Wǒ shì jiātíng fùnǚ
Do you like your job?	你喜欢你的工作吗? Nǐ xǐhuan nǐde gōngzuò ma?
Most of the time	大多时候喜欢 Dà duō shíhou xǐhuan
Mostly I do, but I prefer vacations	我喜欢我的工作,不过我更喜欢放假 Wǒ xǐhuan wǒde gōngzuò, búguò wǒ gèng xǐhuan fàngjià

3.3 Starting/ending a conversation

Could I ask you something?	我可以问你一件事吗? Wǒ kěyǐ wèn nǐ yī jiàn shì ma?
Excuse/Pardon me (formal/informal)	劳驾 / 抱歉, 请问 / 对不起 Láojià/Bàoqiàn, Qǐngwèn / Duìbuqǐ
Could you help me please?	可以帮个忙吗? Kěyǐ bāng ge máng ma?
Yes, what's the problem?	可以, 有什么事? Kěyǐ, yǒu shénme shì?
What can I do for you?	有什么我可以帮你的? Yǒu shénme wǒ kěyǐ bāng nǐ de?
Sorry, I don't have time now	对不起, 我现在没空儿 Duìbuqǐ, wǒ xiànzài méi kòngr
Do you have a light?	有没有打火机 / 火柴? Yǒu méiyǒu dǎhuǒjī/huǒchái?
May I join you?	我可以加入(你们)吗? Wǒ kěyǐ jiārù (nǐmen) ma?
Can I take a picture?	我可以照张相吗? Wǒ kěyǐ zhào zhāng xiàng ma?
Could you take a picture of me/us?	你可以给我 /我们照张相吗? Nǐ kěyǐ gěi wǒ/wǒmen zhào zhāng xiàng ma?
Leave me alone	别缠我 / 让我静一下 Bié chán wǒ / Ràng wǒ jìng yíxià
Get lost	走开! Zǒukāi!
Go away or I'll scream	你再不走开我就大声喊了 Nǐ zài bù zǒukāi wǒ jiù dàshēng hǎn le

.4 Congratulations and condolences

Happy birthday ———————	（祝你）生日快乐！
	(Zhù nǐ) shēngrì kuàilè!
Many happy returns ———————	（祝你）一切顺利！
	(Zhù nǐ) yíqiè shùnlì!
Please accept my ———————	请接受我的吊慰
condolences	Qǐng jiēshòu wǒde diàowèi
My deepest sympathy ———	我深有同感
	Wǒ shēn yǒu tónggǎn

 .5 A chat about the weather

See also 1.5 The weather

It's so hot/cold today! ———	今天真热 / 冷！
	Jīntiān zhēn rè / lěng!
Isn't it a lovely day? ———————	今天天气太好了！
	Jīntiān tiānqì tài hǎo le!
It's so windy/what a storm! —	风太大了 / 刮大风了
	Fēng tài dà le / Guā dàfēng le
All that rain/snow! ———————	下这么大的雨 / 雪！
	Xià zhème dà de yǔ/xuě!
It's so foggy! ———————————	下这么大的雾！
	Xià zhème dà de wù!
Has the weather been ———	这样的天气很久了吗？
like this for long?	Zhèyàng de tiānqì hěn jiǔ le ma?
Is it always this hot/ ———	这里总是这么热 / 冷吗？
cold here?	Zhèlǐ zǒngshì zhème rè / lěng ma?
Is it always this dry/ ———	这里总是这么干燥 / 潮湿吗？
humid here?	Zhèlǐ zǒngshì zhème gānhàn / cháoshī ma?

 .6 Hobbies

Do you have any hobbies? —	你有什么爱好？
	Nǐ yǒu shénme àihào?
I like knitting/reading/ ———	我喜欢打毛衣 / 看书 / 摄影
photography	Wǒ xǐhuan dǎ máoyī / kànshū / shèyǐng
I enjoy listening to music —	我喜欢听音乐
	Wǒ xǐhuan tīng yīnyuè
I play the guitar/the piano —	我喜欢弹吉他 / 钢琴
	Wǒ xǐhuan tán jítā / gāngqín
I like the cinema ———————	我喜欢看电影
	Wǒ xǐhuan kàn diànyǐng
I like traveling/playing ———	我喜欢去旅游 / 运动 / 钓鱼 / 去散步
sports/going fishing/	Wǒ xǐhuan qù lǚyóu / yùndòng /
going for a walk	diàoyú / qù sànbù

3

Conversation

3.7 Being the host(ess)

See also 4 Eating out

What would you like to drink? (formal/informal)	您想喝什么饮料? Nín xiǎng hē diǎn shénme yǐnliào? 想喝点什么? Xiǎng hē diǎn shénme?
Something non-alcoholic, please	有没有不带酒精的饮料? Yǒu méiyǒu bú dài jiǔjīng de yǐnliào?
Would you like a cigarette/cigar?	想抽只烟/雪茄吗? Xiǎng chōu zhī yān/xuějiā ma?
I don't smoke	(谢谢), 我不抽烟 (Xièxie) wǒ bù chōuyān

3.8 Invitations

Are you doing anything tonight?	晚上你想做什么? (informal) Wǎnshang nǐ xiǎng zuò shénme? 晚上有什么活动? (formal) Wǎnshang yǒu shénme huódòng?
Do you have any plans for today/this afternoon/tonight?	今天/下午/晚上有什么安排? (formal) Jīntiān/xiàwǔ/wǎnshang yǒu shénme ānpái? 今天/下午/晚上有什么活动? (informal) Jīntiān/xiàwǔ/wǎnshang yǒu shénme huódòng?
Would you like to go out with me?	你想跟我外出吗? (formal) Nǐ xiǎng gēn wǒ wàichū ma? 跟我出去玩儿, 怎么样? (informal) Gēn wǒ chūqu wánr, zěnmeyàng?
Would you like to go dancing with me?	你想跟我去跳舞吗? (formal) Nǐ xiǎng gēn wǒ qù tiàowǔ ma? 跟我去跳舞, 怎么样? (informal) Gēn wǒ qù tiàowǔ, zěnmeyàng?
Would you like to have lunch/dinner with me?	你想跟我去吃午饭/晚饭吗? (formal) Nǐ xiǎng gēn wǒ qù chī wǔfàn/wǎnfàn ma? 跟我去吃午饭/晚饭, 怎么样? (informal) Gēn wǒ qù chī wǔfàn/wǎnfàn, zěnmeyàng?
Would you like to come to the beach with me?	你想跟我去海滩吗? (formal) Nǐ xiǎng gēn wǒ qù hǎitān ma? 跟我去海滩, 怎么样? (informal) Gēn wǒ qù hǎitān, zěnmeyàng?
Would you like to come into town with us?	你想跟我们进城吗? (formal) Nǐ xiǎng gēn wǒmen jìnchéng ma? 跟我们进城, 怎么样? (informal) Gēn wǒmen jìnchéng, zěnmeyàng?
Would you like to come and see some friends with us?	你想跟我们去看朋友吗? (formal) Nǐ xiǎng gēn wǒ qù kàn péngyou ma? 跟我们去看朋友, 怎么样? (informal) Gēn wǒmen qù kàn péngyou, zěnmeyàng?
Shall we dance?	跳舞吗? Tiàowǔ ma?

- sit at the bar?	去酒吧坐坐？ Qù jiǔbā zuòzuo?
- get something to drink?	喝点什么饮料？ Hē diǎn shénme yǐnliào?
- go for a walk/drive?	出去走走 / 开车逛一逛？ Chūqu zǒuzou / Kāichē guàngyiguàng?
Yes, all right	好啊！ Hǎo a!
Good idea	好主意！ Hǎo zhǔyì!
No thank you	不了，谢谢 Bù le, xièxie
Maybe later	晚点儿再去 Wǎn diǎnr zài qù
I don't feel like it	我没有兴趣 Wǒ méiyǒu xìngqù
I don't have time	我没有空儿 Wǒ méiyǒu kòngr
I already have a date	我已经有约会了 Wǒ yǐjīng yǒu yuēhuì le
I'm not very good at dancing/swimming	我跳 / 游得不太好 Wǒ tiào / yóu de bú tài hǎo

3.9 Paying a compliment

You look great! (formal/informal)	你看上去真帅！ Nǐ kànshàngqu zhēn shuài! 今天怎么这么帅！ Jīntiān zěnme zhème shuài!
I like your car!	你的车真好看！/ 我喜欢你的车！ Nǐ de chē zhēn hǎokàn! / Wǒ xǐhuan nǐde chē!
You are very nice (formal/informal)	你对人真好！/ 你真好！ Nǐ duì rén zhēn hǎo! / Nǐ zhēn hǎo!
What a good boy/girl!	好孩子！ Hǎo háizi!
You're a good dancer	你跳舞跳得很好 Nǐ tiàowǔ tiàode hěn hǎo
You're a very good cook	你做菜做得很好 Nǐ zuòcài zuòde hěn hǎo
You're a good soccer player	你足球踢得很好 Nǐ zúqiú tīde hěn hǎo

3.10 Intimate comments/questions

I like being with you	我喜欢跟你在一起 Wǒ xǐhuan gēn nǐ zài yìqǐ
I've missed you so much	我非常想念你 Wǒ fēicháng xiǎngniàn nǐ
I dreamt about you	我梦见你 Wǒ mèngjiàn nǐ

I think about you all day	我一天到晚都想着你
	Wǒ yītiān-dàowǎn dōu xiǎngzhe nǐ
I've been thinking about you all day	我整天都在想你
	Wǒ zhěngtiān dōu zài xiǎng nǐ
You have such a sweet smile	你的笑容真甜
	Nǐde xiàoróng zhēn tián
You have such beautiful eyes	你的眼睛多么迷人
	Nǐde yǎnjing duōme mírén
I love you (I'm fond of you)	我喜欢上你了
	Wǒ xǐhuanshàng nǐ le
I'm in love with you	我爱上你了
	Wǒ àishàng nǐ le
I'm in love with you too	我也爱上你了
	Wǒ yě àishàng nǐ le
I love you	我爱你
	Wǒ ài nǐ
I love you too	我也爱你
	Wǒ yě ài nǐ
I don't feel as strongly about you	我对你没有特别的感情
	Wǒ duì nǐ méiyǒu tèbié de gǎnqíng
I already have a girlfriend/boyfriend	我已经有女朋友／男朋友了
	Wǒ yǐjīng yǒu nǚpéngyou/nánpéngyou le
I'm not ready for that	我的感情还没有到这一步
	Wǒde gǎnqíng hái méi dào zhé yí bù
I don't want to rush into it	我不想这么快就陷进去
	Wǒ bù xiǎng zhème kuài jiù xiànjìnqu
Take your hands off me	把你的手拿开！
	Bǎ nǐde shǒu nákāi!
Okay, no problem	好，没问题
	Hǎo, méi wèntí
Will you spend the night with me?	你愿不愿陪我睡一晚？
	Nǐ yuànbuyuàn péi wǒ shuì yì wǎn?
I'd like to go to bed with you	我想跟你睡觉
	Wǒ xiǎng gēn nǐ shuìjiào
Only if we use a condom	好，不过我们一定要用避孕套
	Hǎo, búguò wǒmen yídìng yào yòng bìyùntào
We have to be careful about AIDS	我们要当心爱滋病
	Wǒmen yào dāngxīn àizībìng
We shouldn't take any risks	我们不应该冒这个险
	Wǒmen bù yīnggāi mào zhè ge xiǎn
Do you have a condom?	你有避孕套吗？
	Nǐ yǒu bìyùntào ma?
No? Then the answer's no	没有？那么我只能说不
	Méiyǒu? Nàme wǒ zhǐ néng shuō bù

.11 Arrangements

When will I see you again?	我们什么时候再见面？
	Wǒmen shénme shíhou zài jiànmiàn?
Are you free over the weekend?	你这个周末有没有空儿？
	Nǐ zhè ge zhǒumò yǒu méiyǒu kòngr?

What's the plan, then?	你有什么安排？
	Nǐ yǒu shénme ānpái?
Where shall we meet?	我们在哪儿见面？
	Wǒmen zài nǎr jiànmiàn?
Will you pick me/us up?	你可以来接我／我们吗？
	Nǐ kěyǐ lái jiē wǒ/wǒmen ma?
Shall I pick you up? (formal)	我来接你／你们，好不好？
	Wǒ lái jiē nǐ/ nǐ men, hǎo bu hǎo?
I have to be home by...	我…以前一定要回到家里
	Wǒ ... yǐqián yídìng yào huídào jiālǐ
I don't want to see you anymore (formal)	我不想再见到你
	Wǒ bù xiǎng zài jiàndào nǐ

3.12 Saying good-bye

Can I take you home? (formal)	我可以送你回家吗？
	Wǒ kěyǐ sòng nǐ huíjiā ma?
Can I write/call you? (formal)	我可以给你写信／打电话吗？
	Wǒ kěyǐ gěi nǐ xiěxìn / dǎ diànhuà ma?
Will you write to me/ call me? (formal)	你可以给我写信／打电话吗？
	Nǐ kěyǐ gěi wǒ xiěxìn / dǎ diànhuà ma?
Can I have your address/phone number?	我可以要你的地址／电话号码吗？
	Wǒ kěyǐ yào nǐde dìzhǐ / diànhuà hàomǎ ma?
Thanks for everything	感谢你为我做的一切
	Gǎnxiè nǐ wèi wǒ zuò de yīqiè
It was a lot of fun	我们玩儿得很开心
	Wǒmen wánrde hěn kāixīn
Say hello to... (informal)	给我跟…带个好
	Gěi wǒ gēn ... dài ge hǎo
All the best	万事如意！
	Wànshì-rúyì!
Good luck	祝你走运
	Zhù nǐ zǒu yùn
When will you be back? (informal)	你什么时候回来？
	Nǐ shénme shíhou huílai?
I'll be waiting for you	我会等你回来
	Wǒ huì děng nǐ huílai
I'd like to see you again	我想再见到你
	Wǒ xiǎng zài jiàndào nǐ
I hope we meet again soon	我想很快再见到你
	Wǒ xiǎng hěn kuài zài jiàndào nǐ
Here's my address. If you're ever in the United States	这是我的地址。有一天你到美国来，一定要来找我
	Zhè shì wǒde dìzhǐ. Yǒu yì tiān nǐ dào Měiguó lái, yídìng yào lái zhǎo wǒ

Eating out

4 Eating out

● **Foreigners visiting China** have a wide range of cuisines to choose from, such as Peking duck, Sichuan steamboat, Mongolian barbecues, Shanghai dumplings etc. In order to eat at most restaurants outside the hotels, it is sometimes necessary to make arrangements ahead of time. Most restaurants provide Chinese tea free of charge.

In China people usually have three meals:

1. zǎofàn 早饭 (breakfast), is eaten sometime between 7.30 and 10 a.m. It generally consists of buns, congee, eggs, assorted pickles and noodles.

2. wǔfàn 午饭 (lunch), traditionally eaten at home between 12 and 2 p.m., may include a hot dish. Schoolchildren return home at lunchtime, others bring along their packed lunch. Lunch usually consists of a main course of meat or fish with a range of vegetable dishes, or noodles with meat and vegetables.

3. wǎnfàn 晚饭 (dinner) is considered to be the most important meal of the day, at around 7 or 8 p.m. It often includes a soup and a few meat and vegetable dishes, and is usually taken with the family.

4.1 On arrival

I'd like to reserve a table for seven o'clock, please	我想订一张桌，订在七点 Wǒ xiǎng dìng yì zhāng zhuō, dìng zài qīdiǎn
A table for two, please	我想订一张两个人的桌 Wǒ xiǎng dìng yì zhāng liǎng ge rén de zhuō
We've (We haven't) reserved	我们预订了 Wǒmen yùdìng le 我们还没预订 Wǒmen hái méi yùdìng
Would you mind waiting?	你介不介意等一等? Nǐ jiè bu jièyì děngyiděng?
Is the restaurant open yet?	餐厅开门了没有? Cāntīng kāimén le méiyǒu?
What time does the restaurant open?	餐厅什么时候开门? Cāntīng shénme shíhou kāimén?
What time does the restaurant close?	餐厅什么时候关门? Cāntīng shénme shíhou guānmén?

你预订座位了没有?	Do you have a reservation?
你们用谁的名字预订的?	What name please?
这边请	This way, please
(对不起), 这张桌已经预订了	This table is reserved
十五分钟以后有一张空桌子	We'll have a table free in fifteen minutes

Can we wait for a table? — 要是 / 如果我们等一下，有没有桌子？
Yàoshi/Rùguǒ wǒmen děng yíxià,
yǒu méiyǒu zhuōzi?

Do we have to wait _____ 我们得等好久吗？
long? Wǒmen děi děng hǎo jiǔ ma?

Is this seat taken? _____ 这个位子有人坐吗？
Zhè ge wèizi yǒurén zuò ma?

Could we sit here/there? — 我们可以坐在这儿 / 那儿吗？
Wǒmen kěyǐ zuò zài zhèr / nàr ma?

Can we sit by the _____ 我们可以靠窗户坐吗？
window? Wǒmen kěyǐ kào chuānghu zuò ma?

Are there any tables _____ 外边有没有空桌子？
outside? Wàibiān yǒu méiyǒu kōng zhuōzi?

Do you have another _____ 给我们再拿一把椅子，好吗？
chair for us? Gěi wǒmen zài ná yì bǎ yǐzi, hǎo ma?

Do you have a _____ 有没有给小孩子坐的高椅子？
highchair? Yǒu méiyǒu gěi xiǎohái zuò de gāoyǐzi?

Is there a socket for this — 有没有插这个暖瓶器的插座？
bottle-warmer? Yǒu méiyǒu chā zhè ge nuǎnpíngqì de chāzuó?

Could you warm up this — 请给我（在微波炉里）暖一下这个奶瓶 /
bottle/jar for me? 大口瓶
(in the microwave) Qǐng gěi wǒ (zài wéibōlú lǐ) nuǎn yíxià zhè
ge nǎipíng/dàkǒupíng

Not too hot, please _____ 请不要太烫了
Qǐng búyào tài tàng le

Is there somewhere I _____ 有没有地方给婴儿换尿布？
can change the Yǒu méiyǒu dìfang gěi yīng'ér huàn niàobù?
baby's diaper?

Where are the _____ 厕所在哪儿 / 哪里？
restrooms? Cèsuǒ zài nǎr / nǎli?

4.2 Ordering

Waiter/Waitress! _____ 服务员！
Fúwùyuán!

Madam! _____ 女士！
Nǚshì!

Sir! _____ 先生！
Xiānsheng!

We'd like something _____ 我们想吃 / 喝点什么
to eat/drink Wǒmen xiǎng chī / hē diǎn shénme

Could I have a quick _____ 有没有快餐？
meal? Yǒu méiyǒu kuàicān?

We don't have much _____ 我们时间不多
time Wǒmen shíjiān bù duō

We'd like to have a _____ 我们想先喝饮料
drink first Wǒmen xiǎng xiān hē yǐnliào

Could we see the menu/ — 请给我们看看菜单 / 酒单
wine list, please? Qǐng gěi wǒmen kànkan càidān/jiǔdān

Do you have a menu _____ 有没有英文的菜单？
in English? Yǒu méiyǒu Yīngwén de càidān

Do you have a dish of the day?	今天有没有特别的菜? Jīntiān yǒu méiyǒu tèbié de cài?
Do you have a tourist menu?	有没有专门给旅客用的菜单? Yǒu méiyǒu zhuānmén gěi lǚkè yòng de càidān?
We haven't made a choice yet	我们还没想好叫什么菜 Wǒmen hái méi xiǎnghǎo jiào shénme cài
What do you recommend?	你可以给我们介绍几道菜吗? Nǐ kěyǐ gěi wǒmen jièshào jǐ dào cài ma?
What are the local specialities?	你们本地有什么风味菜? Nǐmen běndì yǒu shénme fēngwèicài?
What are your specialities?	你们饭馆推荐什么特别的菜? Nǐmen fàn'guǎn tuījiàn shénme tèbié de cài?
I like chilli/preserved vegetables	我喜欢辣椒 / 泡菜 Wǒ xǐhuan làjiāo / pàocài
I don't like meat/fish	我不喜欢吃肉 / 鱼 Wǒ bù xǐhuan chī ròu/yú
What's this?	这是什么? Zhè shì shénme?
Does it have...in it?	里面有没有...? Lǐmiàn yǒu méiyǒu ... ?
Is it stuffed with...?	里面包的是不是...? Lǐmiàn bāo de shìbushì ...?
What does it taste like?	吃起来什么味? Chīqǐlai shénme wèi?
Is this a hot or a cold dish?	这道菜是热的还是凉的? Zhè dào cài shì rè de háishi liáng de?
Is this sweet?	这个甜吗? Zhè ge tián ma?
Is this hot/spicy?	这个辣吗? Zhè ge là ma? 这个带香料吗? Zhè ge dài xiāngliào ma?

Eating out

4

您 / 你们要什么?	What would you like?
要点菜了吗?	Have you decided?
要不要先来杯饮料?	Would you like a drink first?
喝点什么?	What would you like to drink?
我们刚卖完...	We've run out of...
菜来了,请用吧	Enjoy your meal
饭菜做得怎么样?	Is everything all right?
我可以收盘子了吗?	May I clear the table?

Do you have anything else, by any chance? — 你们还有些什么菜没上吗？
Nǐmen hái yǒu xiē shènme cài mèi shàng ma?

I'm on a salt-free diet — 我不吃盐
Wǒ bù chī yán

I can't eat pork — 我不能吃猪肉
Wǒ bù néng chī zhūròu

I can't have sugar — 我不能吃糖
Wǒ bù néng chī táng

I'm on a fat-free diet — 我不吃油腻的食物
Wǒ bù chī yóunì de shíwù

I can't have spicy food — 我不能吃香料做的东西
Wǒ bù néng chī xiāngliào zuò de dōngxi

We'll have what those people are having — 我们要他们吃的那种
Wǒmen yào tāmen chī de nàzhǒng

I'd like... — 要一个... / 来一个 ...
Yào yí ge ... / lái yí ge ...

We're not having Beijing Duck — 我们不吃北京烤鸭
Wǒmen bù chī Běijīng Kǎoyā

Could I have some more rice, please? — 再给我来点儿米饭
Zài gěi wǒ lái diǎnr mǐfàn

Could I have another bottle of boiled water/ wine, please? — 再给我一瓶凉开水 / 酒
Zài gěi wǒ yì píng liángkāishuǐ / jiǔ

Could I have another portion of..., please? — 请再给我一份...
Qǐng zài gěi wǒ yí fèn ....

Could I have the salt and pepper, please? — 请给我盐和胡椒面
Qǐng gěi wǒ yán hé hújiāomiàn

Could I have a napkin, please? — 请给我一块餐巾
Qǐng gěi wǒ yí kuài cānján

Could I have a teaspoon, please? — 请给我一个茶匙
Qǐng gěi wǒ yí ge cháchí

Could I have an ashtray, please? — 请给我一个烟灰缸
Qǐng gěi wǒ yí ge yānhuágāng

Could I have some matches, please? — 请给我一盒火柴
Qǐng gěi wǒ yì hé huǒchái

Could I have some toothpicks, please — 请给我几根牙签
Qǐng gěi wǒ jǐ gēn yáqiān

Could I have a glass of boiled water, please? — 请给我一杯凉开水
Qǐng gěi wǒ yì bēi liángkāishuǐ

Could I have a straw please? — 请给我一根吸管
Qǐng gěi wǒ yì gēn xīguǎn

Enjoy your meal — 菜齐了，您 / 你们请吧！
Cài qí le, nín/nǐmen qǐng ba!

You too! — 你也吃吧！
Nǐ yě chībā!

Cheers! — 干杯！
Gānbēi!

The next round's on me — 下次我请客
Xiàcì wǒ qǐngkè

Could we have a doggy bag, please? — 请给我们打包
Qǐng gěi wǒmen dǎbāo

.3 The bill

See also 8.2 Settling the bill

How much is this dish?	这盘菜多少钱？ Zhè pán cài duōshao qián?
Could I have the bill, please?	请给我账单 Qǐng gěi wǒ zhàngdān
All together	一共... Yígòng ....
Everyone pays separately	我们各付各的账单吧 Wǒmen gè fù gè de zhàng dān ba
Let's go Dutch	咱们平摊账单吧 Zánmen píngtān zhàngdàn ba!
Could we have the menu again, please?	请再给我们菜单看看 Qǐng zài gěi wǒmen càidān kànkan
The...is not on the bill	账单上没有这个... Zhàngdān shàng méiyǒu zhè ge ...

 **.4 C**omplaints

It's taking a very long time	我已经等了很久了 Wǒ yǐjīng děngle hěn jiǔ le
This must be a mistake	我看你们搞错了 Wǒ kàn nǐmen gǎocuò le
This is not what I ordered	这不是我点的菜 Zhè bú shì wǒ diǎn de cài
I ordered...	我要的是... Wǒ yào de shì ...
There's a dish missing	还差一个菜 Hái chà yí ge cài
The plate is broken/not clean	这个（盘）缺口了／不干净 Zhè ge (pán) quēkǒule / bù gānjìng
The food's cold	这盘菜冷了 Zhè pán cài lěngle
The food's not fresh	这盘菜不新鲜 Zhè pán cài bù xīnxiān
The food's too salty/sweet/spicy	这盘菜太咸／甜／辣了 Zhè pán cài tài xián / tián / là le
The food is off/has gone bad	这盘菜馊了 Zhè pán cài sōu le
Could I have something else instead of this?	请给我换一个别的菜 Qǐng gěi wǒ huàn yī ge biéde cài
The bill/this amount is not right	账单算得不对 Zhàngdān suànde bú duì
We didn't have this	我们没有要这个菜 Wǒmen méi yào zhè ge cài
There's no toilet paper in the restroom	洗手间里没有手纸／卫生纸了 Xǐshǒujiān lǐ méiyǒu shǒuzhǐ / wèishēngzhǐ le
Will you call the manager, please?	请叫你们的经理来 Qǐng jiào nǐmende jīnglǐ lái

Eating out

.5 Paying a compliment

That was a sumptuous meal	饭菜很丰盛 Fàncài hěn fēngshèng
The food was excellent	饭菜好极了 Fàncài hǎojíle
The...in particular was delicious	特别是...,太好吃了 Tèbié shì ..., tài hǎochī le

 .6 Requests

Please give me	请给我... Qǐng gěi wǒ ...
the menu	菜单 Càidān
a pair of chopsticks	一双筷子 yì shuāng kuàizi
a fork	一把餐叉 yì bǎ cānchā
a knife	一把刀子 yì bǎ dāozi
a plate	一个盘子 yí ge pánzi
a bowl	一个碗 yí ge wǎn
a spoon	一把勺子 yì bǎ sháozi
salt	盐 yán
pepper	胡椒面 hújiāomiàn
sugar	糖 táng
fruit	水果 shuǐguǒ
ice cream	冰激凌 / 冰淇淋 bīngjīlíng/bīngqílín
meat	肉（食） ròu(shí)
salad	沙拉 shālā
main course	主菜 zhǔcài
side dishes/vegetables	配菜 / 蔬菜 pèicài/shūcài
service charge (included)	服务费（已包括在内） fúwùfèi (yǐ bāokuò zài nèi)
soup	汤 tāng
specialities	特色菜 tèsècài

snacks	小吃
	xiǎochī
bread	面包
	miànbāo
cakes/desserts	蛋糕 / 甜食
	dàn gāo / tiánshí
noodles	面条
	miàntiáo
vegetables	蔬菜
	shūcài
fish	鱼
	yú

.7 Drinks

hot/cold cocoa	热 / 冷可可
	rè/lěng kěkě
hot/cold milk	热 / 冷牛奶
	rè / lěng niúnǎi
black tea	红茶（不加奶）
	hóngchá (bù jiā nǎi)
English tea (with milk)	奶茶
	nǎichá
coffee	咖啡
	kāfēi
jasmine tea	茉莉花茶
	mòlì huāchá
beer	啤酒
	píjiǔ
orange juice	桔子汁
	júzizhī
mineral water	矿泉水
	kuàngquánshuǐ
soda water	苏打水
	sūdǎshuǐ
coca cola	可口可了
	kěkǒu kělè
brandy	白兰地
	báilándǐ
whisky	威士忌
	wēishìjì
champagne	香槟酒
	xiāngbīnjiǔ
red wine	红葡萄酒
	hóng pútaojiǔ
white wine	白葡萄酒
	bái pútaojiǔ

Eating out

Chinese dishes

Chinese dishes	中餐 Zhōngcān
assorted cold dishes	冷拼盘 / 凉菜 lěng pīnpán / liángcài
pickled cabbage	泡菜 pàocài
sautéd chicken with hot pepper and peanuts	酱爆鸡丁 Jiàngbào jīdīng
fish with sweet and sour sauce	糖醋鱼 Tángcù yú
sautéd fried prawns	炸烹虾段 Zhá-pēng xiāduàn
sweet and sour pork	咕唠肉 Gǔlǎoròu
sautéd mutton slice with scallion	葱爆羊肉 Cōngbào yángròu
sautéd beef with onion	洋葱抄牛肉 Yángcōng chǎo niúròu
sautéd fresh mushroom and choisam	香菇菜心 Xiānggū càixīn
sautéd bean-curd with brown sauce	红烧豆腐 Hóngshāo dòufu
steamed rice	米饭 mǐfàn
fried rice with eggs	鸡蛋炒饭 jīdàn chǎofàn

Western dishes

Western dishes	西餐 Xīcān
soft boiled egg	煮鸡蛋 zhǔ jīdàn
scrambled egg	炒鸡蛋 chǎo jīdàn
toast	烤面包片 kǎo miànbāo piàn
sandwich	三明治 sānmíngzhì
butter	黄油 / 奶油 huángyóu / nǎiyóu
cheese	奶酪 / 乳酪 nǎilào / rǔlào
jam	果酱 guǒjiàng
pizza	比萨饼 bǐsābǐng

On the road

5 On the road

5.1 Asking for directions

Excuse me, could I ask you something?	劳驾，我可以问您一下吗？ Láojià, wǒ kěyǐ wèn nín yíxià ma?
I've lost my way	我迷路了 Wǒ mílù le
Is there a ... around here?	附近有没有…？ Fùjìn yǒu méiyǒu ... ?
Excuse me, what direction is ...?	请问，…在哪个方向？ Qǐngwèn, ... zài nǎ ge fāngxiàng?
Excuse me, am I going in the right direction for ...?	请问，…走这个方向对吗？ Qǐngwèn, ... zǒu zhè ge fāngxiàng duì ma?
bus stop	汽车站 qìchēzhàn
railway station	火车站 huǒchēzhàn
Could you tell me how to get to...?	请问，…怎么走？ Qǐngwèn, ... zěnme zǒu?
How many kilometers is it to...?	到…有多少公里？ Dào ... yǒu duōshao gōnglǐ?
Is it far?	远不远？ Yuǎn bu yuǎn?
Can I walk there?	可以走路去吗？ Kěyǐ zǒulù qù ma?
Is it difficult to find?	好不好找？ Hǎo bu hǎo zhǎo?

我不请楚，我不认识这里的路	I don't know, I don't know my way around here
你走错了	You're going the wrong way
你要往回走	You have to go back
从那儿开始，跟着路牌走	From there on just follow the signs
到那边再问	When you get there, ask again
一直走下去	Go straight ahead
顺着	Follow
过	Cross
转右	Turn right
转左	Turn left
路／街	the road/street
河	the river
红绿灯／交通灯	the traffic light

高架桥	the overpass
隧道	the tunnel
桥	the bridge
（铁路／公路）交叉口	the grade crossing
顺着／沿着	follow
楼房	the building
街角／拐角（角落）	at the corner
箭头标志	the arrow
十字路口	the intersection/ crossroads

.2 Traffic signs

交通标志
traffic signs

进隧道请开前灯
turn on headlights
(in the tunnel)

十字路口
intersection/
crossroads

汽车故障服务处
road assistance
(breakdown service)

停（车）
stop

交通道／人行道
traffic island/
pedestrian walk

限时停车
parking for a limited
period

加油站
service station

不准堵塞
do not obstruct

路面损坏／不平
broken/uneven
surface

当心
beware

前面修路
road works ahead

路不开放
road closed

载重卡车
heavy trucks

通行费
toll payment

前面路窄
narrowing in the road

收费停车／专用车位
paying carpark/
parking reserved for

靠右行／靠左行
keep right/left

当心山上石头
beware, falling rocks

监控车库／停车场
supervised garage/
parking lot

道路阻塞
road blocked

换行车道
change lanes

（铁路公路）交叉口
grade crossing

需用雪链
snow chains required

道路封闭
road closed

净空高度
maximum
height

出口
exit

紧急行车道
emergency lane

车道
driveway

最高速度
maximum speed

急转弯
curves

危险
danger(ous)

绕道
detour

下一段路多雨或雪
rain or ice for...kms

不准搭乘他人便车
no hitchhiking

（必须显示）停放车标
parking disk
(compulsory)

先使用车道权
right of way

不准转右／左
no right/left turn

不准驶入
no entry

慢行
slow down

圆盘地带
disk zone

不准超车
no passing

不准停车
no parking

单行道
one way

停车被拖走地带
tow-away area
(both sides of
the road)

先使用车道权在路尾
right of way at end
of road

隧道
tunnel

The parts of a car
(the diagram shows the numbered parts)

1	battery	电池	diànchí
2	rear light	后灯	hòudēng
3	rear-view mirror	后视镜	hòushìjìng
	backup light	后补灯	hòubǔdēng
4	aerial	天线	tiānxiàn
	car radio	收音机	shōuyīnjī
5	gas tank	油箱	yóuxiāng
6	spark plugs	火花塞	huǒhuāsài
	fuel pump	燃油泵	rányóubèng
7	side mirror	侧视镜	cèshìjìng
8	bumper	保险杆	bǎoxiǎn'gān
	carburetor	汽化器	qìhuàqì
	crankcase	曲柄轴箱	qūbǐng zhóuxiāng
	cylinder	汽缸	qìgāng
	ignition	点火装置	diǎnhuǒ zhuāngzhì
	warning light	警告灯	jǐnggàodēng
	generator	发电机	fādiànjī
	accelerator	油门	yóumén
	handbrake	手刹车	shǒushāchē
	valve	活门	huómén
9	muffler	消声器	xiāoshēngqì
10	trunk	车尾箱	chēwěixiāng
11	headlight	前灯	qiándēng
	crank shaft	曲轴	qūzhóu
12	air filter	过滤器	guòlǜqì
	fog lamp	雾灯	wùdēng
13	engine block	发动机	fādòngjī
	camshaft	凸轮轴	tūlúnzhóu
	oil filter/pump	滤油器 / 滤油泵	lùyóuqì/lùyóubèng
	dipstick	量油尺	liángyóuchǐ
	pedal	脚刹车	jiǎoshāchē
14	door	车门	chēmén
15	radiator	水箱	shuǐxiāng
16	brake disc	刹车碟	shāchēdié
	spare wheel	备用轮胎	bèiyòng lúntāi
17	indicator	指示器	zhǐshìqì
18	windshield	挡风玻璃	dǎngfēng bōli
	wiper	雨刷	yǔshuā
19	shock absorbers	减震器	jiǎnzhènqì
	sunroof	遮阳蓬顶	zhēyáng péngdǐng
	spoiler	车尾装置	chēwěi zhuāngzhì
20	steering column	方向柱	fāngxiàngzhù
	steering wheel	方向盘	fāngxiàngpán
21	exhaust pipe	排气管	páiqìguǎn
22	seat belt	安全带	ānquándài
	fan	鼓风器	gǔfēngjī
23	distributor	分配器	fēnpèiqì
	cables	电线	diànxiàn
24	gear shift	变速箱	biànsùxiāng

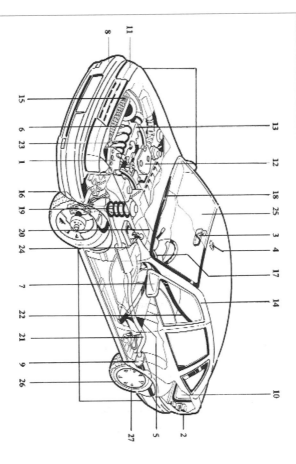

25	windshield	挡风玻璃	dǎngfēng bōli
	water pump	水泵	shuǐbèng
26	wheel	车轮	chēlún
27	hubcap	轮盖	lúngài
	piston	活塞	huósài

.3 The car

See the diagram on page 51

● **The speed limits for vehicles** vary in different cities and on different roads. Generally speaking, the speed limit for cars is 110 km/h on non-urban highways, 80 km/h on main roads and 70 km/h on built-up areas. For motorcycles the limits are 60 km/h on main roads, 50 km/h on build-up areas. Motorcycles are not allowed to travel on highways.

.4 The gas station

● **The cost of gas in China** for unleaded #93 is around 3.24 RMB/liter, unleaded #90 is 2.94 RMB/liter, and diesel is 2.99 RMB/liter. Leaded petrol and LPG are cheaper. Mopeds are generally used in non-urban areas. There are strict restrictions on their use in cities. Along with bicycles, they are limited to special lanes in urban roads.

How many kilometers to the next gas station, please?	请问，到下一个加油站有多远？ Qǐng wèn, dào xià yí ge jiāyóuzhàn yǒu duō yuǎn?
I would like...litres of _____	我要…公升 Wǒ yào .... gōngshēng
- unleaded #93 _____	九十三号无铅汽油 jiǔshísānhào wúqiān qìyóu
- unleaded #90 _____	九十号无铅汽油 jiǔshíhào wúqiān qìyóu
- leaded petrol _____	含铅汽油 hánqiān qìyóu
- LPG gas _____	煤气 méiqì
- diesel _____	柴油 cháiyóu
... dollars worth of gas _____	…元的汽油 ...yuán de qìyóu
Fill her up, please _____	请加满油箱 Qǐng jiāmǎn yóuxiāng
Could you check... _____	请给我检查… Qǐng gěi wǒ jiǎnchá ...
- the oil level _____	机油够不够满 jīyóu gòu bu gòu mǎn
- the tire pressure _____	轮胎气够不够？ lúntāi qì gòu bu gòu?
Could you change the oil, please?	请给我换机油 Qǐng gěi wǒ huàn jīyóu
Could you clean the windshield, please?	请给我擦一擦挡风玻璃 Qǐng gěi wǒ cāyicā dǎngfēng bōli
Could you wash the car, please?	请给我擦一擦车 Qǐng gěi wǒ cāyicā chē

5.5 Breakdown and repairs

I have broken down, could you give me a hand?	我的车坏了，你能帮助我吗？ Wǒde chē huàile, nǐ néng bāngzhu wǒ ma?
I have run out of gas	我的车没有汽油了 Wǒde chē méiyǒu qìyóu le
I've locked the keys in the car	我把钥匙锁在车里面了 Wǒ bǎ yàoshi suǒ zài chē lǐmiàn le
The car/motorbike won't start	我的汽车／摩托车不能起动 Wǒde qìchē/mótuōchē bù néng qǐdòng
Could you contact the breakdown service for me, please?	请给我联络故障服务处 Qǐng gěi wǒ liánluò gùzhàng fúwùchù
Could you call a garage for me, please?	请给我叫修车厂 Qǐng gěi wǒ jiào xiūchēchǎng
Could you give me a lift to...?	你可不可以带我到…？ Nǐ kě bu kěyǐ dài wǒ dào ... ?
- the nearest garage?	最近的修车厂？ zuì jìn de xiūchēchǎng?
- the nearest town?	最近的乡镇？ zuì jìn de xiāngzhèn
- the nearest telephone booth?	最近的公用电话？ zuì jìn de gōngyòng diànhuà ?
- the nearest emergency phone?	最近的紧急电话？ zuì jìn de jǐnjí diànhuà?
Can we take my motorcycle?	你可以运我的摩托车吗？ Nǐ kěyǐ yùn wǒde mótuōchē ma?
Could you tow me to a garage?	可以拖我的车到修车厂吗？ Kěyǐ tuō wǒde chē dào xiūchēchǎng ma?
There's probably something wrong	…可能有毛病 .... kěnéng yǒu máobìng
Can you fix it?	可以修理吗？ Kěyǐ xiūlǐ ma?
Could you fix my tire?	可以补轮胎吗？ Kěyǐ bǔ lúntāi ma?
Could you change this wheel?	可以给我换这个轮胎吗？ Kěyǐ gěi wǒ huàn zhè ge lúntāi ma?
Can you fix it so it'll get me to...?	可以给我修一修，让我能开到… kěyǐ gěi wǒ xiūyixiū, ràng wǒ néng kāidào ...
Which garage can help me?	哪一家修车厂能帮助我？ Nǎ yì jiā xiūchēchǎng néng bāngzhu wǒ?
When will my car/bicycle be ready?	我的汽车／自行车什么时候能修好？ Wǒde qìchē/zìxíngchē shénme shíhou néng xiūhǎo?
Have you already finished?	你给我修好了没有？ Nǐ gěi wǒ xiūhǎo le méiyǒu?
Can I wait for it here?	我可以在这儿等你修好吗？ Wǒ kěyǐ zài zhèr děng nǐ xiūhǎo ma?
How much will it cost?	修理费是多少？ Xiūlǐfèi shì duōshao?

On the road

5

The parts of a bicycle/moped

(the diagram shows the numbered parts)

1	rear light	后灯	hòudēng
2	rear wheel	后轮	hòulún
3	(luggage) carrier	车筐	chē kuāng
4	fork	轮叉	lúnchā
5	bell	车铃	chēlíng
	inner tube	轮胎内胎	lúntāi nèitāi
	tire	轮胎	lúntāi
6	peddle crank	脚踏曲柄	jiǎotà qūbǐng
7	gear change	变速器	biànsùqì
	wire	金属线	jīnshǔxiàn
	generator	发动器	fādòngqì
	bicycle trailer	拖载自行车的拖车	tuōzài zìxíngché de tuōchē
	frame	车架	chējià
8	wheel guard	护车轮装置	hù chēlún zhuāngzhì
9	chain	链带	liàndài
	chain guard	护链带装置	hù liàndài zhuāngzhì
	odometer	里程表	lǐchéngbiǎo
	child's seat	小孩座	xiǎoháizuò
10	headlight	前灯	qiándēng
11	pedal	踏脚板	tàjiǎobǎn
12	pump	打气筒	dǎqìtǒng
13	reflector	反射镜	fǎnshèjìng
14	brake shoe	刹车片	shāchēpiàn
15	brake cable	刹车线	shāchēxiàn
16	anti-theft device	防盗装置	fángdào zhuāngzhì
17	carrier straps	运载布带	yùnzài bùdài
	tachometer	速度计	sùdùjì
18	spoke	钢丝	gāngsī
19	mudguard	挡泥板	dǎngníbǎn
20	handlebar	把手	bǎshǒu
21	chain wheel	链轮	liànlún
	toe clip	踏板扣	tàbǎnkòu
22	crank axle	曲柄轴	qūbǐngzhóu
	drum brake	鼓刹车	gǔ shāchē
23	rim	钢圈	gāngquān
24	valve	活门	huómén
25	gear cable	变速线	biànsùxiàn
26	fork	轮叉	lúnchā
27	front wheel	前轮	qiánlún
28	seat	座位	zuòwèi

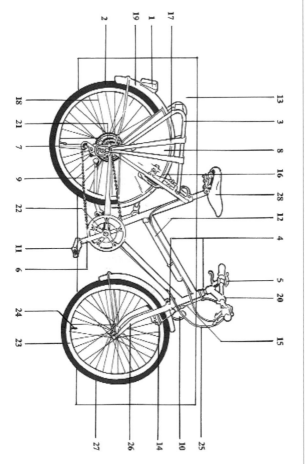

Could you itemize the bill?	请把修理的项目列给我看 Kěyǐ bǎ xiūlǐ de xiàngmù liè gěi wǒ kàn
Could you give me a receipt for insurance purposes?	请给我开张发票，我需要给保险公司看 Qǐng gěi wǒ kāi zhāng fāpiào, wǒ xūyào gěi bǎoxiǎn gōngsī kàn

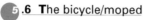

5.6 The bicycle/moped

See the diagram on page 55

● **The bicycle** is the main means of transport for ordinary citizens in China. There are tens of millions of bicycles in China and you will find that there is at least one bicycle for every family. Mopeds are mechanized bicycles for longer distance commuting and because of their speed, the wearing of crash helmets is compulsory. People rely on bicycles and mopeds to take them to work, do their shopping and for recreational purposes. As China modernizes, bicycles are increasingly barred from using highways and ring-roads. In addition to bicycles, motorcycle riders are required to wear crash helmets.

我没有你要的配件	I don't have parts for your vehicle
我要去别的地方给你找配件	I have to get the parts from somewhere else
我需要给你订配件	I have to order the parts
那需要半天时间	That'll take half a day
那需要一天时间	That'll take a day
那需要几天时间	That'll take a few days
那需要一个星期时间	That'll take a week
修理费超过汽车 / 自行车的价值	Your car/bicycle is a write-off
你的汽车 / 摩托车 / 助动车 / 自行车不能修	It can't be repaired
你的汽车 / 摩托车 / 助动车 / 自行车… 点就能修好	The car/motor bike/moped/bicycle will be ready at...o'clock

5.7 Renting a bicycle/moped

I'd like to rent a...	我想租一辆… Wǒ xiǎng zū yí liàng ...
Do I need a (special) license for that?	我需要（特别的）执照吗？ Wǒ xūyào (tèbiéde) zhízhào ma?
I'd like to rent the...for...	我想租… Wǒ xiǎng zū ...
— a day	一天 yì tiān

— two days	两天
	liǎng tiān
How much is that per day/week?	租金一天 / 星期多少钱？
	Zūjīn yì tiān/xīngqī duōshao qián?
How much is the deposit?	押金要付多少钱？
	Yājīn yào fù duōshao qián?
Could I have a receipt for the deposit?	请给我押金收据
	Qǐng gěi wǒ yājīn shōujù
Does that include insurance?	收费包括保险费吗？
	Shōufèi bāokuò bǎoxiǎnfèi ma?
What time can I pick the...up?	我什么时候来取车？
	Wǒ shénme shíhou lái qǔ chē?
When does the...have to be back?	车什么时候要还？
	Chē shénme shíhou yào huán?

 5.8 Hitchhiking

Where are you heading?	你要去哪儿？
	Nǐ yào qù nǎr?
Can you give me a lift?	我可以搭你的车去吗？
	Wǒ kěyǐ dā nǐde chē qù ma?
Can my friend come too?	我的朋友也能来吗？
	Wǒde péngyou yě néng lái ma?
I'd like to go to...	我想去…
	Wǒ xiǎng qù ...
Is that on the way to...?	这是不是去…的路？
	Zhè shìbushì qù ... de lù?
Could you drop me off...?	你可以在…让我下车吗？
	Nǐ kěyǐ zài ... ràng wǒ xiàchē ma?
Could you drop me off here?	你可以在这里让我下车吗？
	Nǐ kěyǐ zài zhèlǐ ràng wǒ xiàchē ma?
- at the entrance to the highway?	在公路的进口
	zài gōnglù de jìnkǒu
- in the center?	在公路中间
	zài gōnglù zhōngjiān
- at the next intersection?	在下一个十字路口
	zài xià ge shízìlùkǒu
Could you stop here, please?	你可以在这里停车吗？
	Nǐ kěyǐ zài zhèlǐ tíngchē ma?
I'd like to get out here	我想在这里下车
	Wǒ xiǎng zài zhèlǐ xiàchē
Thanks for the lift	非常感谢给我搭车！
	Fēicháng gǎnxiè gěi wǒ dāchē!

On the road

Public transportation

Public transportation

.1 In general

● **For most cities in China**, ordinary people mainly commute by bus (gōnggòngqìchē 公共汽车) with the result that buses are often very congested for most hours of the day and night. Although services are frequent, bus stops are often quite a distance apart so there are just too many people waiting to get on at each stop. Foreigners are sometimes amazed by the number of people that can be packed into a bus. For those prepared to take up the challenge of getting into one, make sure that you have exact money for the ride as they don't give change. Increasingly in large cities, some routes are now serviced by more luxurious buses often labelled as air-conditioned buses. They are more comfortable and the fare is about twice as much as for the ordinary buses.

Most cities now have taxis and mini-vans to provide faster commuter services. The latter means of transport is increasingly preferred by ordinary commuters as they are less expensive than taxis and passengers can nominate where to stop. There are two types of taxis: the less expensive type carrying up to 3 passengers, and a larger, more comfortable 5-seater which costs more to hire. In addition to cash payment, some of these taxis also offer a credit card system for payment.

Only Beijing, Shanghai and Guangzhou have subways (dìtiě 地铁). Tickets are purchased at the stations.

Inter-city travel is mostly done by trains and planes although boats are used to transport passengers along the considerable number of waterways in China. Long-distance travel is mostly done on trains, although domestic air travel has become popular among middle-income earners as airfares are now affordable.

.2 Customs

● **In China,** you should always carry with you a valid passport. Strictly speaking, visitors planning to stay at the same address for more than one week need permission from the Police Department. This only becomes a necessity if you plan to study, work or live in China. To drive a car or motorbike, you need to do a test to obtain a valid Chinese driving licence.

Import and export specifications:
Foreign currrency: you need to declare the amount of foreign currency brought into China.
  Alcohol: 1 liter spirits or liquor, 2 liter wine
  Tobacco: 200 cigarettes, 50 cigars, 250g tobacco
  Perfume: 50g perfume, 250ml eau de toilette
  Coffee: 500g
  Tea: 100g
You must be aged 17 to import alcohol and tobacco and 15 to import coffee and tea. The above restrictions apply to all alcohol and tobacco purchased in duty-free shops.

请填一下入境卡	Please fill in the arrival card
请出示你的护照	Your passport, please
请给我看看你的签证	Your visa, please
你去哪个城市？	Where are you going?
你（们）要在这里住多少天？	How long are you planning to stay?
你（们）有没有什么要申报？	Do you have anything to declare?
请打开这个箱子	Open this suitcase, please

My children are entered on this passport	我孩子的名字在我的护照上 Wǒ háizi de míngzi zài wǒde hùzhào shàng
I'm traveling through	我只是经过这儿 Wǒ zhǐ shì jīngguò zhèr
I'm going on vacation to...	我要到…度假 Wǒ yào dào ... dùjià
I'm on a business trip	我是来出差的 Wǒ shì lái chūchāi de
I don't know how long I'll be staying	我还不知道要在这里住多久？ Wǒ hái bù zhìdao yào zài zhèlǐ zhù duō jiǔ?
I'll be staying here for a weekend	我在这里只住一个周末 Wǒ zài zhèlǐ zhǐ zhù yí ge zhōumò
I'll be staying here for a few days	我在这里住几天 Wǒ zài zhèlǐ zhù jǐ tiān
I'll be staying here a week	我在这里住一个星期 Wǒ zài zhèlǐ zhù yí ge xīngqī
I'll be staying here for two weeks	我在这里住两个星期 Wǒ zài zhèlǐ zhù liǎng ge xīngqī
I've got nothing to declare	我没有什么要申报的 Wǒ méiyǒu shénme yào shēnbào de
I have...	我有… Wǒ yǒu ...
a carton of cigarettes	一条香烟 yì tiáo xiāngyān
a bottle of...	一瓶… yì píng ...
some souvenirs	一些纪念品 yìxiē jìniànpǐn
These are personal items	这些都是我自己用的东西 Zhèxiē dōu shì wǒ zìjǐ yòng de dōngxi
These are not new	这些都不是新的 Zhèxiē dōu bú shì xīn de
Here's the receipt	这是收据 Zhè shì shōujù

This is for private use	这是我私人用的
	Zhè shì wǒ sīrén yòng de
How much import duty do I have to pay?	我要交多少税？
	Wǒ yào jiāo duōshao shuì?
May I go now?	我可以走了吗？
	Wǒ kěyǐ zǒu le ma?
Where do I pick up my lugguage?	到哪里取行李？
	Dào nǎli qǔ xíngli?

6.3 Luggage

Porter!	服务员
	Fúwùyuán!
Could you take this luggage to...?	请帮我把这件行李拿到…
	Qǐng bāng wǒ bǎ zhè jiàn xíngli ná dào ...
How much do I owe you?	我要付你多少小费？
	Wǒ yào fù nǐ duōshao xiǎofèi?
Where can I find a cart?	我在哪里能找到小推车？
	Wǒ zài nǎli néng zhǎodào xiǎo tuīchē?
Could you store this luggage for me?	请给我存下这件行李
	Qǐng gěi wǒ cúnxià zhè jiàn xíngli
Where are the luggage lockers?	行李柜子在哪里？
	Xíngli guìzi zài nǎli?
I can't get the locker open	我打不开这个柜子
	Wǒ dǎbukāi zhè ge guìzi
How much is it per item per day?	存一件行李一天多少钱？
	Cún yī jiàn xíngli yī tiān duōshao qián?
This is not my bag/ suitcase	这不是我的旅行包 / 箱子
	Zhè bú shì wǒde lǚxíngbāo/xiāngzi
There's one item/bag/ suitcase missing	我丢失了一件行李 / 一个旅行包 / 一个箱子
	Wǒ diūshīle yí jiàn xíngli / yí ge lǚxíngbāo/ yí ge xiāngzi
My suitcase is damaged	我的箱子被砸坏了
	Wǒde xiāngzi bèi záhuàile

6.4 Buses

Excuse me, which bus should I take to get to Wangfujing?	请问，去王府井该坐几路公共汽车？
	Qǐngwèn, qù Wángfǔjǐng gāi zuò jǐlù gōnggòngqìchē?
You can catch the 103 trolley bus	可以坐一零三路无轨电车
	Kěyǐ zuò yāolíngsān lù wúguǐdiànchē
Excuse me, where should I change bus to get to the Australian Embassy?	请问，去澳洲大使馆在什么地方换车？
	Qǐngwèn, qù Àozhōu dàshǐguǎn zài shénme dìfang huànchē?
There's no need to change bus, take bus 318 till the terminal	不要转车，您坐三一八路一直到终点
	Búyào zhuǎnchē, nín zuò 318 lù yīzhí dào zhōngdiǎn
We've arrived at Sun Yat-Sen Park. Passengers please get off now	中山公园到了，请下车
	Zhōngshān gōngyuán dàole, qǐng xiàchē

Next stop is Xidan, please get ready to get off	下一站西单，请您准备下车 Xià yí zhàn Xīdān, Qǐng nín zhǔnbèi xiàchē
Please let the passengers get off first to ensure safety	请您先下后上，注意安全 Qǐng nín xiān-xià hòu-shàng, zhùyì ānquán
The bus is moving, please hold onto the handles	车要起动，请拉好扶手 Chē yào qǐdòng, qǐng lāhǎo fúshǒu
What's the frequency of service for bus 101?	一零一路汽车的车次多不多？ Yāolíngyāo lù qìchē de chēcì duō bu duō?
The frequency of service for bus 101 is every 3 minutes	一零一路汽车的车次很多，每三分钟一趟 Yāolíngyāo lù qìchē de chēcì hěnduō, měi sān fēnzhōng yí tàng
What's the earliest bus service for bus 107?	一零七路汽车的头班车是什么时间？ Yāolíngqī lù qìchē de tóubānchē shì shénme shíjiān?
The earliest bus service for bus 107 is 5:45 a.m.	一零七路汽车的头班车是早上五点四十五分 Yāolíngqī lù qìchē de tóubānchē shì zǎoshang wǔdiǎn sìshíwǔ fēn
What's the last bus service for bus 107?	一零七路汽车的末班车是什么时间？ Yāolíngqī lù qìchē de mòbānchē shì shénme shíjiān?
The last bus service for bus 107 is 11:30 p.m.	一零七路汽车的末班车是晚上十一点半 Yāolíngqī lù qìchē de mòbānchē shì wǎnshang shíyīdiǎnbàn

6.5 Subway trains

Your attention please, the next station is Qianmen	各位乘客，您好！列车运行前方是前门站 Gèwèi chéngkè, nín hǎo! Lièchē yùnxíng qiánfāng shì Qiánménzhàn
Passengers getting off at Qianmen, please get ready	在前门站下车的乘客，请您提前作好准备 Zài Qiánmenzhàn xiàchē de chéngkè, qǐng nín tíqián zuòhǎo zhǔnbèi
Qianmen station is a crowded station, please get ready beforehand and alight in an orderly manner	前门站上下车的乘客比较多，请您提前作好准备，按顺序下车 Qiánménzhàn shàngxiàchē de chéngkè bǐjiào duō, qǐng nín tíqián zuòhǎo zhǔnbèi, àn shùnxù xiàchē
Passengers changing for Gongzhufen Number 1 Line trains please get off at Fuxingmen	前往公主坟方向的乘客，请在复兴门下车，换乘一线列车 Qiánwǎng Gōngzhǔfén fāngxiàng de chéngkè, qǐng zài Fùxīngmén xiàchē, huànchéng Yīxiàn lièchē
The train to...is now arriving at platform...	开往…的列车，现在到达…号站台 Kāiwǎng... de lièchē, xiànzài dàodá ...hào zhàntái
The train from...is now arriving at platform...	从…开出的列车，现在到达…号站台 Cóng ... kāichū de lièchē, xiànzài dàodá ... hào zhàntái
The train to...will leave from platform...	开往…的列车，将在…号站台离站 Kāiwǎng... de lièchē, jiāng zài ... hào zhàntái lízhàn

Today the [time] train to... will leave from platform...	···点开往···的列车，将在···号站台离站 ... diǎn kāiwǎng ... de lièchē jiāng zài ... hào zhàntái lízhàn
The next station is...	列车运行前方是···站 Lièchē yùnxíng qiánfāng shì ...zhàn
Where does this train go to?	这次列车开往哪里？ Zhè cì lièchē kāiwǎng nǎli?
Does this train stop at...?	这次列车在···停吗？ Zhè cì lièchē zài ... tíng ma?
Could you tell me where I have to get off for... ?	请问，我到 ... 该在哪儿下车？ Qǐngwèn, wǒ dào ... gāi zài nǎr xiàchē?
Could you let me know when we get to...?	到···的时候，请告诉我一声 Dào ... de shíhou, qǐng gàosu wǒ yì shēng
Could you stop at the next stop, please?	麻烦您，下个站我下车 Máfan nín, xià ge zhàn wǒ xiàchē
Where are we?	我们现在在哪里？ Wǒmen xiànzài zài nǎli?
Can I get off the train for a while?	可以下车看看吗？ Kěyǐ xiàchē kànkan ma?
Do I have to get off here?	我在这里下车吗？ Wǒ zài zhèlǐ xiàchē ma?
Have we already passed...?	过了···没有？ Guòle ... méiyǒu?
How long does the train stop here?	列车在这里停多长时间？ Lièchē zài zhèlǐ tíng duō cháng shíjiān?
Will we arrive on time?	我们会准时到达吗？ Wǒmen huì zhǔnshí dàodá ma?
Is this seat taken?	这个位子有人坐吗？ Zhè ge wèizi yǒu rén zuò ma?
Excuse me, this is my seat	对不起，这是我的位子 Duìbuqǐ, zhè shì wǒde wèizi

.6 Long-distance trains

● **Train travel in China** is a good way to see the country. Long-distance trains are generally quite comfortable if you travel "soft class" (ruǎnxí wòpù 软席卧铺). The "soft class" car has a number of cabins each with four berths, a small table, and a sliding door. The "hard class" (yìngxí wòpù 硬席卧铺) is much less comfortable with six berths opening to a common walkway. There are toilets at the end of each car. Foreigners and Chinese business people generally take the more expensive but more comfortable "soft class." All train travelers are provided with free boiling water and they can order inexpensive meals.

Ticket types

What types of tickets would you like to buy?	您想买哪种票？ Nín xiǎng mǎi nǎ zhǒng piào?
Hard seat or soft seat?	硬座还是软座？ Yìngzuò háishi ruǎnzuò?
Hard berth or soft berth?	硬卧还是软卧？ Yìngwò háishi ruǎnwò?

There are three types of ____ hard berths: top, middle or bottom	硬卧有三种：上铺，中铺和下铺 Yìngwò yǒu sān zhǒng: shàngpù, zhōngpù hé xiàpù
Which types of hard _____ berths do you want: top, middle or bottom?	你想要什么硬卧：上铺，中铺还是下铺？ Nǐ xiǎng yào shénme yìngwò: shàngpù, zhōngpù háishi xiàpù?
There are two types of ____ soft berths: top or bottom	软卧有两种：上铺和下铺 Ruǎnwò yǒu liǎng zhǒng: shàngpù hé xiàpù
Which types of soft _____ berths do you want: top or bottom?	你想要什么软卧：上铺还是下铺？ Nǐ xiǎng yào shénme ruǎnwò: shàngpù háishi xiàpù?

Traveling by train

Destination _____	目的地 mùdìdì
Which city are you _____ traveling to?	你（们）去哪个城市？ Nǐ(men) qù nǎ ge chéngshì?
When are you leaving? ____	你（们）想什么时候去？ Nǐ(men) xiǎng shénme shíhou qù?
Your train leaves at... _____	你（们）的列车…开 Nǐ(men) de lièchē ....kāi
You have to change _____	你（们）要转车 Nǐ(men) yào zhuǎnchē
You have to get off at... ____	你（们）要在…下车 Nǐ(men) yào zài ... xiàchē
Tickets, please _____	请出示票 Qǐng chūshì piào
Your reservation, please ____	请把你预订的票给我看看 Qǐng bǎ nǐ yùdìng de piào gěi wǒ kànkan
Your passport, please _____	请把你的护照给我看看 Qǐng bǎ nǐde hùzhào gěi wǒ kànkan
You're in the wrong seat ____	你（们）坐错位子了 Nǐ(men) zuòcuò wèizi le
You have made a _____ mistake	你（们）弄错了 Nǐ(men) nòngcuòle
This seat is reserved _____	这个座儿有人预订了 Zhè ge zuòr yǒu rén yùdìngle
You'll have to pay extra ____	你（们）要补票 Nǐ(men) yào bǔpiào
The...has been delayed ____ by...minutes	…晚点…分钟 ... wǎndiǎn ... fēnzhōng

6.7 Tickets

Where can I...? _____	我上哪儿可以… Wǒ shàng nǎr kěyǐ ...
- buy a ticket? _____	买票？ mǎi piào?
- reserve a seat? _____	预订位子？ yùdìng wèizi?

- reserve a flight?	预订机票? yùdìng jīpiào?
Could I have...for...please?	我能不能买…张去…的票? Wǒ néng bu néng mǎi ... zhāng qù ... de piào?
A single to...please	请给我一张去…的单程票 Qǐng gěi wǒ yì zhāng qù ... de dānchéngpiào
A return ticket, please	请给我一张去…的来回票 Qǐng gěi wǒ yì zhāng qù ... de láihuípiào
I'd like to reserve a hard berth/soft berth	我想预订一张硬卧 / 软卧 Wǒ xiǎng yùdìng yì zhāng yìngwò/ruǎnwò
I'd like to reserve a top/ middle/bottom berth in the hard berth car	我想预订硬卧车厢的上铺 / 中铺 / 下铺 Wǒ xiǎng yùdìng yìngwò chēxiāng de shàngpù/zhōngpù/xiàpù
I'd like to reserve a top/ middle/bottom berth in the soft berth car	我想预订软卧车厢的上铺 / 中铺 / 下铺 Wǒ xiǎng yùdìng ruǎnwò chēxiāng de shàngpù /zhōngpù/xiàpù

6 .8 Information

Where can I find a schedule?	哪里有时刻表? Nǎli yǒu shíkèbiǎo?
Where's the...desk?	…台在哪里? ... tái zài nǎli?
Do you have a city map with the bus/the subway routes on it?	有没有市区公共汽车 / 地铁的路线图? Yǒu méiyǒu shìqū gōnggòngqìchē/dìtiě de lùxiàntú?
Do you have a schedule?	有没有时刻表? Yǒu méiyǒu shíkèbiǎo?
Will I get my deposit back?	能不能拿回押金? Néng bu néng náhuí yājīn?
I'd like to confirm/cancel/ change my reservation for/trip to...	我想确认 / 取消 / 改变我预订去…的旅程 Wǒ xiǎng quèrèn/qǔxiāo/gǎibiàn wǒ yùdìng qù ... de lǚchéng
I'd like to go to...	我想去… Wǒ xiǎng qù ...
What is the quickest way to get there?	去…最快的路程是哪一条? Qù ... zuìkuài de lùchéng shì nǎ yì tiáo?
How much is a single/ return to...?	去…的单程 / 来回票是多少钱? Qù ... de dānchéng/láihuípiào shì duōshao qián?
Do I have to pay extra?	要多付钱吗? Yào duō fùqián ma?
How much luggage am I allowed?	可以携带多少行李? Kěyǐ xiédài duōshao xíngli?
Do I have to change?	要转车(汽车 / 火车) / 飞机吗? Yào zhuǎn chē(qìchē/huǒchē) / fēijī ma?
Where?	在哪里转车(汽车 / 火车) / 飞机? Zài nǎli zhuǎn chē(qìchē/huǒchē) / fēijī?
Will there be any stopovers?	中途要停留吗? Zhōngtú yào tíngliú ma?

Does the boat stop at any other ports on the way?	客船途中要停其他码头吗? Kèchuán tú zhōng yào tíng qítā mǎtóu ma?
Does the train/bus stop at...?	火车／汽车在…停吗? Huǒchē/qìchē zài ... tíng ma?
Where do I get off?	在哪里下（车／船）? Zài nǎli xià(chē/chuán)?
Is there a connection to...?	去…有连运吗? Qù ... yǒu liányùn ma?
How long do I have to wait?	要等多久? Yào děng duō jiǔ?
When does the bus/train leave?	这班汽车／列车什么时候开车? Zhè bān qìchē/lièchē shénme shíhou kāichē?
When does the boat leave?	这班客船什么时候开船? Zhè bān kèchuán shénme shíhou kāichuán?
When does the plane leave?	这班飞机什么时候起飞? Zhè bān fēijī shénme shíhou qǐfēi?
What time does the first/last (bus/train) leave?	头班车／末班车几点开? Tóubānchē/mòbānchē jǐ diǎn kāi?
What time does the first/last boat leave?	头班船／末班船几点开? Tóubānchuán/mòbānchuán jǐ diǎn kāi?
What time does the first/last plane leave?	头班机／末班机几点起飞? Tóubānjī/mòbānjī jǐ diǎn qǐfēi?
What time does the next (bus/train) leave?	下一班车几点开? Xià yì bān chē jǐ diǎn kāi?
What time does the next boat leave?	下一班客船几点开? Xià yì bān kèchuán jǐ diǎn kāi?
What time does the next plane leave?	下一班飞机几点起飞? Xià yì bān fēijī jǐ diǎn qǐfēi?
How long does...take?	…需要多长时间? ... xūyào duō cháng shíjiān?
What time does...arrive in...?	…什么时候到…? ... shénme shíhou dào ... ?
Where does the bus/train to...leave from?	去…的汽车／列车从哪里开车? Qù ... de qìchē/lièchē cóng nǎli kāichē?
Where does the boat to... leave from?	去…的客船从哪里开船? Qù ... de kèchuán cóng nǎli kāichuán?
Where does the plane to...leave from?	去…的飞机从哪里起飞? Qù ... de fēijī cóng nǎli qǐfēi?
Is this the train/bus to...?	这趟列车／汽车去…吗? Zhè tàng lièchē/qìchē qù ... ma?

6.9 Airplanes

● **On arrival** at a Chinese airport (jīchǎng 机场), you will find the following signs:

登机处 check-in	国内航班 domestic flights	出境 departures
国际 international	入境 arrivals	

6.10 Taxis

● **Taxis** provide a reasonably priced and efficient means of getting about most of China's major cities. Taxis at hotels are generally more spacious and thus more expensive than those you hail on the street. You may want to ask your driver (sījī 司机) to wait for you while you are on sightseeing trips or finishing your business as waiting time is not expensive. It's an excellent idea to ask someone to write down your destination in characters before you take a taxi.

You can also rent your own taxi with its driver for a day or two. This is a good way to see a lot of the sights at your own pace. Price is negotiable with the driver. If you can split the cost with your companions, the price is generally reasonable.

出租 for hire	有人 occupied	出租汽车站 taxi stand

Taxi!	出租车 chūzūchē!
Could you get me a taxi, please?	请帮我叫一辆出租车 Qǐng bāng wǒ jiào yí liàng chūzūchē
Where can I find a taxi around here?	附近哪里有出租车? Fùjìn nǎli yǒu chūzūchē?
Could you take me to..., please?	请带我到… Qǐng dài wǒ dào ...
Could you take me to this address, please	请带我到这个地址 Qǐng dài wǒ dào zhè ge dìzhǐ
- to the...hotel, please	请带我到…宾馆／旅馆 Qǐng dài wǒ dào ... bīn'guǎn/lǚguǎn
- to the town/city center, please	请带我到…城里 Qǐng dài wǒ dào ... chénglǐ
- to the station, please	请带我到…火车站 Qǐng dài wǒ dào ... huǒchēzhàn
- to the airport, please	请带我到…机场 Qǐng dài wǒ dào ... jīchǎng
How much is the trip to...?	去…多少钱? Qù ... duōshao qián?
How far is it to...?	这里离…有多远? Zhèlǐ lí ... yǒu duō yuǎn?
Could you turn on the meter, please (driver)?	司机,请你打表 Sījī, qǐng nǐ dǎbiǎo

I'm in a hurry —————— 我在赶时间
Wǒ zài gǎn shíjiān

Could you speed up/ —————— 能开得快／慢一点吗？
slow down a little? Néng kāi de kuài/màn yìdiǎn ma?

Could you take a —————— 能走另一条路吗？
different route? Néng zǒu lìng yì tiáo lù ma?

I'd like to get out here, —————— 我在这里下车
please Wǒ zài zhèlǐ xiàchē

I'd like to rent a —————— 我要租一辆日本车
Japanese car Wǒ yào zū yí liàng Rìběnchē

How much does it cost —————— 租…要多少钱？
to hire ... ? Zū ... yào duōshao qián?

- per day —————— 一天
yì tiān

- two days —————— 两天
liǎng tiān

- per kilometer —————— 一公里
yì gōnglǐ

How many kilometers —————— 每天的基本费用能报销多少公里？
per day do I get for the Měitiān de jīběn fèiyòng néng bàoxiāo
basic fee? duōshao gōnglǐ?

Does the price include —————— 价钱包括汽油费吗？
gas? Jiàqián bāokuò qìyóu fèi ma?

Can the driver speak —————— 司机会说英语吗？
English? Sījī huì shuō Yīngyǔ ma?

Will the driver stay with —————— 司机整天都陪着我吗？
me all day? Sījī zhěngtiān dōu péizhe wǒ ma?

Shall I take care of the —————— 我要负责司机的饭钱吗？
driver's meals? Wǒ yào fùzé sījī de fànqián ma?

Do I settle up with the —————— 我最后跟司机结帐吗？
driver at the end of Wǒ zuìhòu gēn sījī jiézhàng ma?
the day?

Go ... —————— 走吧
zǒu ba

You have to go...here —————— 要从这里…去
Yào cóng zhèlǐ ... qù

Go straight ahead —————— 一直走
Yìzhí zǒu

Turn left —————— 转左
Zhuǎn zuǒ

Turn right —————— 转右
Zhuǎn yòu

This is it/We're here —————— 这里就是／到了
Zhèlǐ jiù shì / Dàole

Could you wait a minute —————— 你能等我一会儿吗？
for me, please? Nǐ néng děng wǒ yìhuìr ma?

How much do I owe —————— 我该付你多少钱？
you? Wǒ gāi fù nǐ duōshao qián?

Overnight accommodation

Overnight accommodation

● **In China**, hotels for foreigners range from the basic two-star twin share accommodation with own bathroom (lǚguǎn 旅馆) in small towns and outlying areas to five-star accommodations (bīn'guǎn/fàndiàn 宾馆 / 饭店) with swimming pools, sauna, restaurants etc. in capital cities. Hotels around railway stations generally cater mainly for Chinese travelers with sub-standard accommodation (zhāodàisuǒ 招待所). Increasingly there are youth hotels for foreign backpackers in major cities such as Beijing.

7.1 General

I'm looking for a cheap/ good hotel	我找一家便宜的 / 好旅馆 Wǒ zhǎo yì jiā piányi de / hǎo lǚ guǎn
I'm looking for a nearby hotel	我找一家邻近的旅馆 Wǒ zhǎo yì jiā línjìn de lǚ guǎn
Do you give discounts for students?	你们对留学生有没有优惠? Nǐmen duì liúxuéshēng yǒu méiyǒu yōuhuì?
I'm not sure how long I'm staying	我还不知道要住多久 Wǒ hái bù zhīdao yào zhù duō jiǔ
Do you have any rooms?	你们有没有空房? Nǐmen yǒu méiyǒu kōng fáng?
Do you have air-conditioning/heating in the room?	房间里有没有空调 / 暖气? Fángjiān lǐ yǒu méiyǒu kōngtiáo/nuǎnqì?
Do you have hot water all day?	你们整天都有热水吗? Nǐmen zhěng tiān dōu yǒu rèshuǐ ma?
When is the heating turned on?	什么时候才开暖气? Shénme shíhou cái kāi nuǎnqì?
Do you have room service?	你们有没有送酒菜到房间的服务? Nǐmen yǒu méiyǒu sòng jiǔcài dào fángjiān de fúwù?
Where's the emergency exit/fire escape?	紧急 / 安全出口在哪儿? Jǐnjí/ānquán chūkǒu zài nǎr?
The key to room..., please	请给我 ... 号房间的钥匙 Qǐng gěi wǒ ... hào fángjiān de yàoshi
Could you put this in the safe, please?	请把这个东西放在保险箱里 Qǐng bǎ zhège dōngxi fàng zài bǎoxiǎnxiāng lǐ
Could you wake me at...tomorrow?	明天请在 ... 点叫醒我 Míngtiān qǐng zài ... diǎn jiàoxǐng wǒ
Could I have an extra blanket?	可以再给我一床毯子吗? Kěyǐ zài gěi wǒ yì chuáng tǎnzi ma?
What time does the gate/door open/close?	大门几点钟开 / 关? Dàmén jǐ diǎnzhōng kāi/guān?
Could you get me a taxi, please?	请给我叫一辆出租车,好吗? Qǐng gěi wǒ jiào yí liàng chūzūchē, hǎo ma?
Could you find a babysitter for me?	可以给我找个临时褓姆吗? Kěyǐ gěi wǒ zhǎo ge línshí bǎomǔ ma?
Is there any mail for me?	有没有我的信? Yǒu méiyǒu wǒde xìn?

Overnight accommodation

请填这张表格	Fill out this form, please
请给我看看你的护照	Could I see your passport?
你需要交押金	You need to pay a deposit

.2 Booking

My name is...	我的名字是… Wǒde míngzi shì ...
I've made a reservation	我已经预订了房间 Wǒ yǐjiīng yùdìngle fángjiān
I wrote to you last month	我上个月给你们写过信 Wǒ zái sháng ge yuè gěi nǐmen xiěguo xìn
Here's the confirmation	这是确认单 Zhè shì quèrèndān
How much is it per night/week?	我住的房间多少钱一天／一（个）星期? Wǒ zhù de fángjiān duōshao qián yì tiān / yí(ge) xīngqī?
We'll be staying for... nights/weeks	我们打算住 …天／（个）星期 Wǒmen dǎsuàn zhù ... tiān /(ge) xīngqī
I'd like a single/double room	我要一间单人房／双人房 Wǒ yào yì jiān dānrénfáng/shuāngrénfáng
per person/per room	一个人／一间房 yí ge rén / yì jiān fáng
I'd like a room with...	我要一间有 …的房间 Wǒ yào yī jiān yǒu ... de fángjiān
twin beds	两张床 liǎng zhāng chuáng
a double bed	一张双人床 yì zhāng shuāngrénnchuáng
a bath tub	浴盆 yùpén
a shower	淋浴 línyù
a balcony	阳台 yángtái
a suite	一间套房 yì jiān tàofáng
Could we have two adjoining rooms?	我们能不能住两隔壁? Wǒmen néng bu néng zhù liǎng gébì?
Does that include breakfast/lunch/dinner?	房价包括早餐／午餐／晚餐吗? Fángjià bāokuò zǎocān/wǔcan/wǎncān ma?
We'd like a room...	我们要一间 …房 Wǒmen yào yì jiān ...fáng
facing the front	朝前的 cháo qián de
at the back	朝后的 cháo hòu de

7

Overnight accommodation

with street/river/ sea view	面对大街 / 河 / 海的
	miànduì dàjiē/hé/hǎi de
Is there...in the room?	房间里有没有…？
	Fángjiān lǐ yǒu méiyǒu ... ?
air conditioning	空调
	kōngtiáo
heating	暖气
	nuǎnqì
TV	电视机
	diànshìjī
refrigerator	电冰箱
	diànbīngxiāng
hot water	热水
	rèshuǐ
electric jug	电水壶
	diànshuǐhú

.3 Hotel/motel

Could I see the room?	我能看看房间吗？
	Wǒ néng kànkan fángjiān ma?
We don't like this one	我不喜欢这间
	Wǒ bù xǐhuan zhè jiān
Do you have another room?	还有别的房间吗？
	Hái yǒu biéde fángjiān ma?
Do you have a larger room?	有大一点的房间吗？
	Yǒu dàyìdiǎnde fángjiān ma?
Do you have a less expensive room?	有更便宜的房间吗？
	Yǒu gèng piányi de fángjiān ma?
We prefer a quiet room	我们喜欢安静的房间
	Wǒmen xǐhuan ānjìng de fángjiān
No, they are all occupied	没有了，都住满了
	Méiyǒu le, dōu zhùmǎn le
This room is too...	这房间太…了
	Zhè fángjiān tài ... le
hot/cold	热 / 冷
	rè/lěng
dark/small	暗 / 小
	àn/xiǎo
noisy	嘈杂
	cáozá

请跟我来	This way please
你的房间在…层 / 楼 …号房间	Your room is on the...floor, number...
厕所和淋浴室在同一层 / 房间	The toilet and shower are on the same floor/ in the room

Overnight accommodation

72

I'll take this room	我就要这个房间 Wǒ jiù yào zhè ge fángjiān
Could you put in a cot?	能加放一张婴儿床吗？ Néng jiā fàng yì zhāng yīng'érchuáng ma?
What time's breakfast?	几点吃早餐？ Jǐ diǎn chī zǎocān?
Where's the dining room?	餐厅在哪里？ Cāntīng zài nǎlǐ?
Can I have breakfast in my room?	可以在房间里吃早餐吗？ Kěyǐ zài fángjiān lǐ chī zǎocān ma?
How much is the room per night?	这种房间多少钱一晚？ Zhè zhǒng fángjiān duōshao qián yì wǎn?
Does this include...	这个房价是否包括…？ Zhè ge fángjià shìfǒu bāokuò ...?
breakfast	早餐 zǎocān
three meals	三餐 sāncān
service	服务费 fúwùfèi

.4 Requests

I need a two-prong plug	我需要一个双线插头 Wǒ xūyào yí ge shuāngxiàn chātóu
I need a three-prong plug	我需要一个三线插头 Wǒ xūyào yí ge sānxiàn chātóu
I need this kind of plug	我需要这种插头 Wǒ xūyào zhè zhǒng chātóu
Where's the plug for the razor?	刮胡刀的插头在哪里？ Guāhúdāo de chātóu zài nǎli?
What's the voltage?	这里的电压是多少伏？ Zhèlǐ de diànyā shì duōshao fú?
May I have...?	能不能给我…？ Néng bu néng gěi wǒ ...?
(more) hangers	…个衣架 ... ge yījià
a needle and some thread	一根针和一些线 yì gēn zhēn hé yìxiē xiàn
(more) blankets	…条毯子 ... tiáo tǎnzi
(another) pillow	（再拿一个）枕头 (zài ná yí ge) zhěntou
some stationery	信纸 xìnzhǐ
soap	肥皂 féizào
shampoo	洗发剂 xǐfàjì
bath lotion	洗澡液 xǐzǎoyè

bath towel	浴巾 yùjīn
cold drinking water	凉开水 liáng kāishuǐ
hot drinking water	热开水 rè kāishuǐ
Can you repair this...?	你能不能帮我代修这… Nǐ néng bu néng bāng wǒ dàixiū zhè ...
camera	照相机 zhàoxiàngjī
video camera	摄相机 shèxiàngjī
suitcase	箱子 xiāngzi
The room needs to be cleaned	能不能打扫一下我的房间? Néng bu néng dǎsǎo yíxià wǒ de fángjiān?
Please change the sheets/towels	请换一下床单 / 毛巾 Qǐng huàn yíxià chuángdān / máojīn
Please send my breakfast/lunch/dinner to my room	请把早餐 / 午餐 / 晚餐送到我的房间里 Qǐng bǎ zǎocān/wǔcān/wǎncān sòngdào wǒde fángjiān lǐ
I'd like these clothes...	请把这些衣服… Qǐng bǎ zhèxiē yīfu ...
washed	洗干净 xǐgājìng
ironed	熨好 Yùnhǎo
dry-cleaned	干洗 gānxǐ
I'm leaving tonight. Can I put my laundry in?	我今天晚上走,还能洗衣服吗? Wǒ jīntiān wǎnshang zǒu, hái néng xǐ yīfu ma?
Is my laundry ready?	我的衣服洗好了吗? Wǒde yīfu xǐhǎole ma?
I need it at...	我要…取 Wǒ yào ... qǔ
today	今天 jīntiān
tonight	今晚 jīnwǎn
tomorrow	明天 míngtiān
I want it as soon as possible	我希望能越快越好 Wǒ xīwàng néng yuè kuài yuè hǎo
Can you sew on this button?	请给我订一个扣子 Qǐng gěi wǒ dīng yí ge kòuzi
This isn't mine	这不是我的 Zhè bú shì wǒde
There is one piece missing	我少了一件衣服 Wǒ shǎole yí jiàn yīfu

| I'm leaving soon, but my laundry is not back yet | 我要走了，洗的衣服还没有送来呢
Wǒ yào zǒu le, xǐ de yīfu hái méiyǒu sònglái ne |

 .5 Complaints

We can't sleep for the noise	声音太嘈杂了，我们睡不着 Shēngyīn tài cáozá le, wǒmen shuìbuzháo
Could you turn the radio down, please?	请调低一下收音机 Qǐng tiáodī yíxià shōuyīnjī
We're out of toilet paper	手纸／卫生纸用完了 Shǒuzhǐ/wèishēngzhǐ yòngwánle
There aren't any.../ there's not enough...	没有…了／…不够 Méiyǒu ... le / ... búgòu
The bed linen's dirty	床单是脏的 Chuángdān shì zāng de
The room hasn't been cleaned	房间没有收拾 Fángjiān méiyǒu shōushi
The heating isn't working	暖气有问题，不热 Nuǎnqì yǒu wèntí, búrè
There's no (hot) water/ electricity	没有（热）水／电 Méiyǒu (rè) shuǐ / diàn
...doesn't work/is broken	…有毛病／坏了 yǒu máobìng / huài le
The toilet is blocked	厕所堵塞了 Cèsuǒ dǔsè le
The sink is blocked	水池堵塞了 Shuǐchí dǔsè le
The tap is dripping	水龙头漏水了 Shuǐlóngtóu lòushuǐ le
The bulb is burnt out	灯泡坏了 dēngpào huài le
The blind is broken	百叶窗拉不动了 Bǎiyèchuāng lābudòng le
Could you have that seen to?	请您找人修一下？ Qǐng nín zhǎo rén xiū yíxià?
Could I have another room?	我可以另要一间房间吗？ Wǒ kěyǐ lìng yào yì jiān fángjiān ma?
The bed creaks terribly	床响得厉害 Chuáng xiǎngde lìhai
The bed sags	床会凹下去 Chuáng huì āoxiàqù
It's too noisy	这儿太吵了 Zhèr tài chǎo le
This place is full of mosquitos	这里到处都是蚊子 Zhèlǐ dàochù dōu shì wénzi
- cockroaches	蟑螂 zhāngláng

See also 8.2 Settling the bill

I'm leaving (the hotel) —— 我明天离开（旅店）
tomorrow
Wǒ míngtiān líkāi (lǚdiàn)

Where can I pay my bill, —— 请问，我到哪里付房费？
please?
Qǐngwèn, wǒ dào nǎli fù fángfèi?

My room number is... —— 我的房号是…
Wǒde fánghào shì ...

What time should we —— 我们应该几点办离店手续？
check out?
Wǒmen yīnggāi jǐdiǎn bàn lídiàn shǒuxù?

I'm leaving early —— 我明天很早就要走，请准备好账单
tomorrow. Please
prepare the bill
Wǒ míngtiān hěn zǎo jiù yào zǒu, qǐng
zhǔnbèihǎo zhàngdān

Could I have my deposit —— 请还给我押金
back, please?
Qǐng huán gěi wǒ yājīn

I must leave at once —— 我必须马上离店
Wǒ bìxū mǎshàng lídiàn

Is this my bill? —— 这是我的账单吗？
Zhè shì wǒde zhàngdān ma?

Is everything included? —— 所有费用都包括了吗？
Suǒyǒu fèiyòng dōu bāokuò le ma?

Do you accept credit —— 你们接受信用卡吗？
cards?
Nǐmen jiēshòu xìnyòngkǎ ma?

(I reckon) you've made —— 我认为账单上有一处错误
a mistake in the bill
Wǒ rènwéi zhàngdān shàng yǒu yí chù cuòwù

Could you forward my —— 请把我的邮件寄到这个地址
mail to this address?
Qǐng bǎ wǒde yóujiàn jìdào zhè ge dìzhǐ

Could I leave my —— 行李留在这里等我走以前再取，可以吗？
luggage here until
I leave?
Xíngli liú zài zhèlǐ děng wǒ zǒu yǐqián zài qǔ ,
kěyǐ ma?

Thanks for your —— 感谢你们的热情招待
hospitality
Gǎnxiè nǐmende rèqíng zhāodài

We enjoyed it, thank —— 我们住得很满意，谢谢
you
Wǒmen zhùde hěn mǎnyì, xièxie

Money matters

Money matters

● **In general,** banks are open Monday to Friday from 9 a.m. to 5 p.m., but it is always possible to exchange money in hotels or other tourist centers. Your passport is usually needed to do so.

.1 Banks

Where can I change foreign currency?	上哪儿可以换外币？ Shàng nǎr kěyǐ huàn wàibì?
Where can I find the Bank of China around here?	这里哪里有中国银行？ Zhèlǐ nǎli yǒu Zhōngguó Yínháng?
Where can I cash this traveler's check?	哪里可以兑换旅行支票？ Nǎli kěyǐ duìhuàn lǚxíng zhīpiào?
Can I cash this...here?	可以在这里兑换旅行支票吗？ Kěyǐ zài zhèlǐ duìhuàn lǚxíng zhīpiào ma?
What's today's exchange rate for...?	今天…兑换…的兑换率是多少？ Jīntiān ... duìhuàn ... de duìhuànlǜ shì duōshao?
- US dollars	美元 Měiyuán
- English pounds	英镑 Yīngbàng
- Japanese Yen	日元 Rìyuán
- Australian dollars	澳币／澳元 Àobì/Àoyuán
- Hong Kong dollars	港币 Gǎngbì
Can I withdraw money on my credit card here?	可以在这里用信用卡取钱吗？ Kěyǐ zài zhèlǐ yòng xìnyòngkǎ qǔqián ma?
What's the maximum amount?	一次最多可以取多少钱？ Yí cì zuì duō kěyǐ qǔ duōshao qián?
What's the minimum amount?	一次最少要取多少钱？ Yí cì zuì shǎo yào qǔ duōshao qián?
I had some money cabled here	有人给我电汇了一点钱来 Yǒu rén gěi wǒ diànhuìle yìdiǎn qián lái
I'm expecting some money from...	我正在等从…汇来的钱 Wǒ zhèngzài děng cóng ... huìlái de qián
These are the details of my bank in the US	这是我在美国的银行资料 Zhè shì wǒ zài Měiguó de yínháng zīliào
This is the number of my bank account	这是我的银行账号 Zhè shì wǒ de yínháng zhànghào
Could you write it down for me?	你能不能写下来给我？ Nǐ néng bu néng xiěxiàlái gěi wǒ?
I'd like to change some money	我要兑换外币 Wǒ yào duìhuàn wàibì

Could you give me some small change with it?	请给我一些零钱 Qǐng gěi wǒ yìxiē língqián
This is not right _____	这个不对 Zhè ge búduì

请签名 _____	Sign here, please
请填这张表 _____	Fill this out, please
请给我看看你的护照 _____	Could I see your passport, please?
请给我看看你的身份证 _____	Could I see your identity card, please?
请给我看看你的信用卡 _____	Could I see your credit card, please?

8.2 Settling the bill

Could you put it on my bill?	请记在我的账单上 Qǐng jì zài wǒde zhàngdān shàng
Is everything included? _____	都算进去了吗? Dōu suànjìnqu le ma?
Is the tip included? _____	小费也包括了吗? Xiǎofèi yě bāokuò le ma?
Can I pay by credit card? _____	我可以用信用卡付款吗? Wǒ kěyǐ yòng xìnyòngkǎ fùkuǎn ma?
Can I pay by traveler's check?	我可以用旅行支票付款吗? Wǒ kěyǐ yòng lǚxíng zhīpiào fùkuǎn ma?
Can I pay with foreign currency?	我可以用外币付款吗? Wǒ kěyǐ yòng wàibì fùkuǎn ma?
You've given me too much change	你找给我的钱太多了 Nǎ zhǎo gěi wǒ de qián tài duō le
You haven't given me enough change	你找给我的钱不够 Nǎ zhǎo gěi wǒ de qián bú gòu
Could you check this again, please?	请你再算一算 Qǐng nǐ zài suànyisuàn
Could I have a receipt, please?	请给我收据 Qǐng gěi wǒ shōujù
This is for you _____	这是给你的小费 Zhè shì gěi nǐ de xiǎofèi
Keep the change _____	不用找了 Búyòng zhǎo le

(对不起), 我们不接受 _____ 信用卡 / 旅行支票 / 外币	We don't accept credit cards/traveler's checks/foreign currency

Mail and telephone

Mail and telephone

.1 Mail

For Giros, see 8 Money matters

● **Post offices** are open Monday to Saturday from 8:30 a.m. to 6 p.m. In fact, some post offices stay open until 9 p.m. although the range of services decreases towards late evening. The opening hours for Sundays are from 8:30 a.m. to 6 p.m. The cost of sending a letter depends on its weight, thus the many queues for weighing letters and the buying of stamps of various values.

邮票 stamps	急诊 / (邮政 / 银行) 汇票 money orders	包裹 parcels
电报 telegrams		

Where is...?	…在哪儿 / 哪里? ... zài nǎr/nǎli?
- the nearest post office	最靠近的邮局 zuìkàojìn de yóujú
- the main post office	邮局总局 yóujú zǒngjú
- the nearest mail box	最近的邮箱 zuìjìnde yóuxiāng
Which counter should I go to...?	我应该去哪个柜台? Wǒ yīnggāi qù nǎ ge guìtái?
Which counter should I go to to send a fax?	我应该去哪个柜台发传真? Wǒ yīnggāi qù nǎ ge guìtái fā chuánzhēn?
Which counter should I go to to wire a money order?	我应该去哪个柜台发电汇? Wǒ yīnggāi qù nǎ ge guìtái fā diànhuì?
Which counter should I go to for general delivery?	我应该去哪个柜台取邮件? Wǒ yīnggāi qù nǎ ge guìtái qǔ yōujiàn?
Is there any mail for me?	有没有我的信? Yǒu méiyǒu wǒde xìn?

Stamps

What's the postage for a letter/postcard to...?	寄信 / 明信片到…的邮费是多少? Jì xìn / míngxìnpiàn dào ... de yóufèi shì duōshao?
Are there enough stamps on it?	邮票够不够? Yóupiào gòu bu gòu?
I'd like [quantity] [value] stamps	我要 (…张) (…钱) 的邮票 Wǒ yào [... zhāng] [... qián] de yóupiào
I'd like to send this...	我想寄… Wǒ xiǎng jì ...
- express	快邮 kuàiyóu
- by air mail	航空 hángkōng

- by registered mail _____ 挂号
guàhào

- by surface mail _____ 海运
hǎiyùn

Telegram / fax

I'd like to send a _____
telegram to...
我想发电报到…
Wǒ xiǎng fā diànbào dào ...

How much is that per
word?
多少钱一个字?
Duōshao qián yí ge zì?

This is the text I want
to send
这是我要发的稿
Zhè shì wǒ yào fā de gǎo

Shall I fill out the form
myself?
我自己填这张表吗?
Wǒ zìjǐ tián zhè zhāng biǎo ma?

Can I make photocopies/ _
send a fax here?
这里可以复印／发传真吗?
Zhèlǐ kěyǐ fùyìn / fā chuánzhēn ma?

How much is it per page? _
多少钱一页?
Duōshao qián yí yè?

9.2 Telephone

● **Direct international calls** can be made from public telephones using a phone card available from shops, newspaper stands and post offices. Phone cards have a value of RMB50-RMB200. Dial 00 to get out of China, then the relevant country code (USA 1), city code and number. To find a telephone number in Beijing, you can look up the yellow pages. To dial direct, ring 114 locally. All operators speak English. When phoning someone in China, you will be greeted with Nǐ hǎo 你好.

Is there a phone booth
around here?
附近有公用电话亭吗?
Fùjìn yǒu gōngyòng diànhuàtíng ma?

May I use your phone, _____
please?
我可以借用你的电话吗?
Wǒ kěyǐ jièyòng nǐde diànhuà ma?

Do you have a (city/ _____
region) phone directory?
有没有（本市／本区）的电话簿?
Yǒu méiyǒu (běnshì/běnqū) de diànhuàbù?

Where can I get a _____
phone card?
哪里可以买电话卡?
Nǎli kěyǐ mǎi diànhuàkǎ?

Could you give me...? _____
请给我查一下…
Qǐng gěi wǒ chá yíxià ...

- the number of room...? _
…号房间的电话号码
... hào fángjiān de diànhuà hàomǎ ...

- the number for _____
international directory
assistance?
国际电话服务处的号码
guójì diànhuà fúwùchù de hàomǎ

- the international _____
access code?
国际长途的号码
guójì chángtú de hàomǎ

- the country code? _____
国家代号
... guójiā dàihào

- the area code for...? _____
…的地区号
... de dìqūhào ....

Can I dial international _____
(long distance) direct?
我可以直接打国际长途吗?
Wǒ kěyǐ zhíjiē dǎ guójì chángtú ma?

Do I have to reserve _____
my calls?
打电话要预订时间吗?
Dǎ diànhuà yào yùdìng shíjiān ma?

Could you dial this number for me, please?	请给我打这个电话号码？ Qǐng gěi wǒ dǎ zhè ge diànhuà hàomǎ?
I'd like to place a collect call to...	我想订一个（长途）电话。要对方付款的 Wǒ xiǎng dìng yí ge (chángtú) diànhuà. Yào duìfāng fùkuǎn de
Have there been any calls for me?	有没有人给我打过电话？ Yǒu méiyǒu rén gěi wǒ dǎguo diànhuà?

The conversation

Hello, this is...	喂，这是… Wèi/Wéi, zhè shì ...
Who is this, please?	请问，您是谁？/ 您哪位？ Qǐng wèn, nín shì shéi? / Nín něi/nǎ wèi?
Is this...?	您 / 你是…吗？ Nín/Nǐ shì ... ma?
I'm sorry, I've dialed the wrong number	对不起，我打错了 Duìbuqǐ, wǒ dǎcuò le
I can't hear you	我听不清楚 Wǒ tīng bu qīngchu
I'd like to speak to...	我找… / …在不在？ Wǒ zhǎo ... / ... zài bu zài?
Is there anybody who speaks English?	你们有人会讲英语吗？ Nǐmen yǒu rén huì jiǎng Yìngyǔ ma?
Extension..., please	请接…分机 Qǐng jiē ... fēnjì
Could you ask him/her to call me back?	请让他 / 她给我回个电话 Qǐng ràng tā gěi wǒ huí ge diànhuà
My name's...	我叫… Wǒ jiào ...
My number's...	我的电话号码是… Wǒde diànhuà hàomǎ shì ...
Could you tell him/her I called?	请告诉他 / 她，我给他 / 她打过电话 Qǐng gàosu tā, wǒ gěi tā dǎguo diànhuà
I'll call him/her back tomorrow	我明天再给他 / 她回电话 Wǒ míngtiān zài gěi tā huí diànhuà

你有电话	There's a phone call for you
你要先拨 "零"	You have to dial "0" first
请等一等	One moment, please
没人接	There's no answer
电话占线	The line's busy
您要等一下吗？	Do you want to hold?
现在给你接	Connecting you
你打错了	You've got a wrong number
他 / 她不在	He's/She's not here right now
他 / 她…点回来	He'll/she'll be back at...

Shopping

Shopping

● **Most shops in China** are open seven days a week. Corner shops are open from 8:30 a.m. till 10 p.m. Supermarkets are open from 8:30 a.m. till 8:30 p.m., some places up to 9 p.m. Department stores are open from 9/10 a.m. till 9 p.m., some places up to 10 p.m.

杂货店 grocery shop	男子服饰用品店 haberdashery	花店 florist
投币洗衣店 / 干洗店 coin-operated laundry/dry cleaner	钟表店 watches and clocks	音响店 music shop (CDs, tapes, etc)
水果蔬菜店 fruit and vegetable shop	家庭用品店 household goods	鱼店 fishmonger
理发店 barber's	眼镜商 optician	家用电器店 household appliances (white goods)
书店 book shop	打字代理 typing agency	鸡店 poultry shop
玩具店 toy shop	服装店 clothing shop	蔬菜水果店 greengrocer
服饰店 costume jewelry shop	面包店 baker's shop	香水店 perfumery
肉店 butcher's shop	报亭 newsstand	冰激凌店 / 冰淇淋店 ice-cream stand
乐器店 musical instrument shop	理发师 / 理发店 hairdresser	欧式副食店 delicatessen
鞋店 footwear	照相机店 camera shop	珠宝店 jeweller
摩托车 / 助动车 / 自行车维修店 motorbike/ moped/ bicycle repairs	糖果店 / 糕点店 confectioner's/ cake shop	超（级）市（场） supermarket
修鞋店 cobbler	中药店 herbalist's shop	百货公司 department store
市场 market	运动用品（店） sporting goods	烟草商 tobacconist
金饰工 goldsmith	皮革用品（店） leather goods	美容店 beauty salon
文具店 stationery shop	药店 pharmacy	洗衣店 laundry
	床单桌布店 household linen shop	
	皮货商 / 皮货店 furrier	

10.1 Shopping conversations

Where can I get...?	哪里可以买到…? Nǎli kěyǐ mǎidào ... ?
When is this shop open?	这家商店几点开门? Zhè jiā shāngdiàn jǐdiǎn kāimén?

Could you tell me where the...department is?	劳驾，…部门在哪里？ Láojià, ... bùmén zài nǎli?
Could you help me, please?	劳驾，能麻烦你一下吗？ Láojià, néng máfan nǐ yíxià ma?
I'm looking for...	我找… Wǒ zhǎo ....
Do you sell English language newspapers?	你们有英文报吗？ Nǐmen yǒu Yīngwén bào ma?

你有人招呼了吗？ — **Are you being served?**

No, I'd like...	还没有，我想买… Hái méiyǒu, wǒ xiǎng mǎi ...
I'm just looking, if that's all right	我只是看看，可以吗？ Wǒ zhǐ shì kànkan, kěyǐ ma?

还要别的吗？ — **(Would you like) anything else?**

Yes, I'd also like...	我还要… Wǒ hái yào ...
No, thank you. That's all	不要了，谢谢 Búyào le, xièxie
Could you show me...?	请拿…给我看看 Qǐng ná ... géi wǒ kànkan
I'd prefer...	我喜欢… Wǒ xǐhuan ...
This is not what I'm looking for	这不是我要的 Zhè búshì wǒ yào de
Thank you, I'll keep looking	没关系，我再看看 Méiguānxi, wǒ zài kànkan
Do you have something...?	有没有…？ Yǒu méiyǒu ... ?
- less expensive?	便宜（一）点儿的？ piányi (yì)diǎnr de?
- smaller?	小（一）点儿的？ xiǎo (yì)diǎnr de?
- larger?	大（一）点儿的？ dà (yì)diǎnr de?
I'll take this one	我就要这个 Wǒ jiù yào zhè ge
Does it come with instructions?	有没有说明书？ Yǒu méiyǒu shuōmíngshū?
It's too expensive	太贵了 Tài guì le
I'll give you...	我出…块钱，怎么样？ Wǒ chū ... kuàiqián, zěnmeyàng?
Could you keep this for me?	请替我留着这个 Qǐng tì wǒ liúzhe zhè ge

I'll come back for it later	我一会儿再来买
	Wǒ yìhuǐr zài lái mǎi
Do you have a bag for me, please?	请给我一个袋子
	Qǐng gěi wǒ yí ge dàizi
Could you gift wrap it, please?	请给我包扎成礼物
	Qǐng gěi wǒ bāozháchéng lǐwù

对不起，我们没有这种	I'm sorry, we don't have that
对不起，都卖完了	I'm sorry, we're sold out
对不起，要等到…才有货	I'm sorry, it won't come in until...
请到付款台交钱	Please pay at the cash register
我们不接受信用卡	We don't accept credit cards
我们不接受旅行支票	We don't accept traveler's checks

10.2 Food

I'd like half a kilo/five hundred grams of...	我要半公斤 / 五百克…
	Wǒ yào bàn gōngjīn / wǔbǎi kè ...
I'd like a kilo of...	我要一公斤…
	Wǒ yào yī gōngjīn ...
Could you cut it up for me, please?	请帮我切开
	Qǐng bāng wǒ qiēkāi
Can I order it?	我可以订购吗？
	Wǒ kěyǐ dìnggòu ma?
I'll pick it up tomorrow at...	我明天…来取
	Wǒ míngtiān ... lái qǔ
Can you eat/drink this?	这个可以吃 / 喝吗？
	Zhè ge kěyǐ chī/hē ma?
What's in it?	里面有什么？
	Lǐmiàn yǒu shénme?

10.3 Clothing and shoes

I'd like something to go with this	有没有什么配这个的？
	Yǒu méiyǒu shénme pèi zhè ge de?
Do you have shoes to match this?	有没有配这个的鞋？
	Yǒu méiyǒu pèi zhè ge de xié?
I'm a size...in the U.S.	我穿（美国）…号的
	Wǒ chuān (Měiguó)... hào de
Can I try this on?	我可以试穿吗？
	Wǒ kěyǐ shìchuān ma?
Where's the fitting room?	试衣室在哪里？
	Shìyīshì zài nǎlǐ?
It doesn't suit me	这（件）不合我穿
	Zhè (jiàn) bù hé wǒ chuān

Shopping

10

This is the right size _____ 这个大小正好
Zhè ge dàxiǎo zhèng hǎo

It doesn't look good on me __ 我穿起来不好看
Wǒ chuānqǐlái bù hǎokàn

Do you have these in...? ____ 这些有没有…的？
Zhèxiē yǒu méiyǒu .... de?

The heel's too high/low ____ 鞋跟太高／矮了
Xiégēn tài gāo/ǎi le

Is this real leather? _____ 这是真皮吗？
Zhè shì zhēn pí ma?

Is this genuine hide? _____ 这是真兽皮吗？
Zhè shì zhēn shòupí ma?

I'm looking for a...for _____ 我找一（个）…送给…岁小孩
a...year-old child
Wǒ zhǎo yí (ge)... sòng gěi ... suì
xiǎohái

I'd like a... _____ 我要一件…
Wǒ yào yí jiàn ...

- silk _____ 真丝的
zhēnsì de

- cotton _____ 棉布的
miánbù de

- woolen _____ 毛料的
máoliào de

- linen _____ 亚麻布的
yàmábù de

At what temperature _____ 我应该用什么水温洗？
should I wash it?
Wǒ yīnggāi yòng shénme shuǐwēn xǐ?

Will it shrink in the _____ 会缩水吗？
wash?
Huì suōshuǐ ma?

手洗	勿用甩干机干燥	勿用熨斗熨
Hand wash	Do not spin dry	Do not iron
干洗	平放	可用洗衣机洗
Dry clean	Lay flat	Machine washable

At the cobbler

Could you mend _____ 这双鞋可以修补吗？
these shoes?
Zhè shuāng xié kěyǐ xiūbǔ ma?

Could you resole/reheel ___ 请给这双鞋换底／打后掌
these shoes?
Qǐng gěi zhè shuāng xié huàn dǐ / dǎ
hòuzhǎng

When will they be _____ 什么时候能取？
ready?
shénme shíhou néng qǔ?

I'd like..., please _____ 请给我…
Qǐng gěi wǒ ...

- a can of shoe polish _____ 一盒鞋油
yì hé xiéyóu

- a pair of shoelaces _____ 一双鞋带
yì shuāng xiédài

I'd like a film for this ——— 请给我一卷这种照相机用的胶卷
camera, please
Qǐng gěi wǒ yì juǎn zhè zhǒng zhàoxiàngjī
yòng de jiāojuǎn

I'd like a (cartridge), ——— 请给我一卷…
please
Qǐng gěi wǒ yī juǎn ....

- a one twenty-four ——— 一卷二十四张的胶卷
cartridge
yī juǎn èrshísì zhāng de jiāojuǎn

- a slide film ——— 一卷幻灯片
yī juǎn huàndēngpiàn

- a movie cassette / ——— 请给我一盒摄像带 / 录像带
videotape, please
Qǐng gěi wǒ yī hé shèxiàngdài/lùxiàngdài

- color/black and white ——— 彩色的 / 黑白的胶卷
cǎisède / hēibáide jiāojuǎn

- 12/24/36 exposures ——— 十二 / 二十四 / 三十六张的胶卷
shí'èr/èrshísì/sānshíliù zhāng de jiāojuǎn

- ASA/DIN number ——— 感光度数
gǎn'guāng dùshù

Problems

Could you load the film ——— 请帮我把这卷胶卷装进去
for me, please?
Qǐng bāng wǒ bǎ zhè juǎn jiāojuǎn
zhuāngjìnqù

Could you take the film ——— 请帮我把胶卷拿出来
out for me, please?
Qǐng bāng wǒ bǎ jiāojuǎn náchūlai

Should I replace the ——— 要不要换电池?
batteries?
Yào bu yào huàn diànchí?

Could you have a look ——— 请看看我的照相机有没有毛病?
at my camera, please?
Qǐng kànkan wǒ de zhàoxiàngjī yǒu méiyǒu?
máobìng?

It's not working ——— 有毛病
Yǒu máobìng

The...is broken ——— …坏了
... huàile

The film's jammed ——— 胶卷卡住了
Jiāojuǎn qiǎzhùle

The film's broken ——— 胶卷断了
Jiāojuǎn duànle

The flash isn't working ——— 闪光灯有毛病
Shǎnguāngdēng yǒu máobìng

Processing and prints

I'd like to have this film ——— 我想冲洗这卷胶卷
developed/printed,
please
Wǒ xiǎng chōngxǐ zhè juǎn jiāojuǎn

I'd like...prints from each ——— 每张底片我想印…张
negative
Měi zhāng dǐpiàn wǒ xiǎng yìn ...zhāng

glossy/matte ——— 光面的 / 绸面的
guāngmiàn de / chóumiàn de

6"x9" ——— 六寸乘九寸的
liù cùn chéng jiǔ cùn de

I'd like to order reprints of these photos	我想重印这些照片 Wǒ xiǎng chóngyìn zhèxiē zhàopiàn
I'd like to have this photo enlarged	我想放大这张照片 Wǒ xiǎng fàngdà zhè zhāng zhàopiàn
How much is processing?	冲洗多少钱？ Chōngxǐ duōshao qián?
How much for printing?	印相片多少钱？ Yìn xiàngpiàn duōshao qián?
How much are the reprints?	重印多少钱？ Chóngyìn duōshao qián?
How much is it for enlargement?	放大多少钱？ Fàngdà duōshao qián?
When will they be ready?	什么时候能取相片？ Shénme shíhou néng qǔ xiàngpiàn?

10.5 At the hairdresser's

Do I have to make an appointment?	我要预约吗？ Wǒ yào yùyuē ma?
Can I come in right now?	我可以进来吗？ Wǒ kěyǐ jìnlai ma?
How long will I have to wait?	要等多久？ Yào děng duō jiǔ?
I'd like a shampoo/haircut	我想洗头 / 理发 Wǒ xiǎng xǐtóu/lǐfà
I'd like a shampoo for oily/dry hair, please	我想洗头。我的头发比较油 / 干 Wǒ xiǎng xǐtóu. Wǒ de tóufa bǐjiào yóu/gān
I'd like an anti-dandruff shampoo	我要去头皮的洗发剂 Wǒ yào qù tóupí de xǐfàjì
I'd like a color-rinse shampoo, please	我要保色的洗发剂 Wǒ yào bǎosè de xǐfàjì
I'd like a shampoo with conditioner, please	我要带二合一的洗发剂 Wǒ yào dài èrhéyī de xǐfàjì
I'd like highlights, please	请给我加点显眼的颜色 Qǐng gěi wǒ jiā diǎn xiǎnyǎn de yánsè
Do you have a color chart, please?	有没有色谱？ Yǒu méiyǒu sèpǔ?
I'd like to keep the same color	我想保持同样的颜色 Wǒ xiǎng bǎochí tóngyàng de yánsè
I'd like it darker/lighter	我要色深 / 浅一点 Wǒ yào sè shēn/qiǎn yìdiǎn
I'd like/I don't want hairspray	请给我 / 不要给我喷定型胶 Qǐng gěi wǒ / búyào gěi wǒ pēn dìngxíngjiāo
- gel	发蜡 fàlà
- lotion	洗发露 / 营养剂 xǐfàlù/yíngyǎngjì
I'd like short bangs	我要短一点的刘海儿 Wǒ yào duǎn yìdiǎn de liúhǎir
Not too short at the back	后面的头发请不要剪得太短 Hòumiàn de tóufa qǐng búyào jiǎnde tài duǎn

Not too long	不要太长 Búyào tài cháng
I'd like it curly/not too curly	请给我烫大花儿 / 小花儿 Qǐng gěi wǒ tàng de dà huār/xiǎo huār
I don't like it too curly	我不要烫得太卷 Wǒ búyào tàng de tài juǎn
It needs a little/a lot taken off	我需要削薄一点 / 很多 Wǒ xūyào xuēbáo yìdiǎnr/hěnduō
I'd like a completely different style/a different cut	我要剪一个完全不同的发型 Wǒ yào jiǎn yí ge wánquán bùtóng de fàxíng
I'd like it the same as in this photo	我要剪象这张照片一样的发型 Wǒ yào jiǎn xiàng zhè zhāng zhàopiàn yíyàng de fàxíng
- as that woman's	我要剪象这位女士一样的发型 Wǒ yào jiǎn xiàng zhè wèi nǚshì yíyàng de fàxíng
Could you turn the drier up/down a bit?	请把吹风机调高 / 调低一点 Qǐng bǎ chuīfēngjī tiáogāo/tiáodī yìdiǎn
How do you want it cut?	你想怎么剪？ Nǐ xiǎng zěnme jiǎn?
I'd like a facial	我想做一个面膜 Wǒ xiǎng zuò yī ge miànmò
- a manicure	我想修指甲 Wǒ xiǎng xiū zhǐjiǎ
- a massage	我想做一个按摩 Wǒ xiǎng zuò yí ge ànmó
Could you trim my..., please?	请给我修一下 ... Qǐng gěi wǒ xiū yíxià ...
- bangs	刘海儿 liúhǎir
- beard	胡须 húxū
moustache	小胡子 xiǎohúzi
I'd like a shave, please	请给我刮刮胡子 Qǐng gěi wǒ guāgua húzi

你想剪什么发型？	What style did you have in mind?
你想染成什么颜色？	What color did you want it?
温度合适吗？	Is the temperature all right for you?
你想看什么杂志吗？	Would you like something to read?
你想喝点饮料吗？	Would you like a drink?

At the Tourist Information Center

At the Tourist Information Center

● **China** has no tourist information centers as understood in the West. Unless you have made connections on the Internet, your best chance of finding out more information about tourist spots and accommodations is at the information office of the airport. If you miss this opportunity, there is the hotel information desk. In either situation, you will be introduced to a range of tourist agencies which can plan your holiday. This is because most travelers arrive with a pre-arranged package from overseas agencies which are generally affiliated with two semi-government travel agencies in China, one called China International Travel Service and the other China Travel Service. Both have branches in major cities and towns. In addition there are private travel agents such as the China Youth Travel Service which cater for individual travelers. All travel agencies mainly advise on tours and package deals with the flexibility of car hire (with driver) and personal guides. These offices are generally open every day.

11 .1 **P**laces of interest

Where's the Tourist Information, please?	请问，旅游问询台在哪里？ Qǐngwèn, lǚyóu wènxúntái zài nǎli?
Do you have a city map?	有本市地图吗？ Yǒu běnshì dìtú ma?
Where is the museum?	博物馆在哪里？ Bówùguǎn zài nǎli?
Where can I find a church?	哪里有教堂？ Nǎlǐ yǒu jiàotáng?
Could you give me some information about...?	你可以给我有关…的资料吗？ Nǐ kěyǐ gěi wǒ yǒuguān ... de zīliào ma?
How much is this?	这个多少钱？ Zhè ge duōshao qián?
What are the main places of interest?	主要游玩的地方有哪些？ Zhǔyào yóuwán de dìfang yǒu nǎxiē?
Could you point them out on the map?	请在地图上指给我看看 Qǐng zài dìtú shàng zhǐ gěi wǒ kànkan
What do you recommend?	你推荐哪个景点？ Nǐ tuījiàn nǎ ge jǐngdiǎn?
We'll be here for a few hours	我们要在这里呆了几个小时 / 钟头 Wǒmen yào zài zhèlǐ dāi jǐ ge xiǎoshí/ zhōngtóu
We'll be here for a day	我们要在这里呆一天 Wǒmen yào zài zhèlǐ dāi yì tiān
We'll be here for a week	我们要在这里呆一个星期 Wǒmen yào zài zhèlǐ dāi yí ge xīngqī
We're interested in...	我们对…感兴趣 Wǒmen duì ... gǎn xìngqù
How long does it take?	要走多久？ Yào zǒu duō jiǔ?
Where does it start/ end?	在哪里开始 / 结束？ Zài nǎli kāishǐ/jiéshù?

11

Are there any boat trips?	有没有坐船的旅游航线?
	Yǒu méiyǒu zuòchuán de lǚyóu hángxiàn?
Where can we board?	在哪里上船?
	Zài nǎli shàngchuán?
Are there any bus tours?	有没有坐旅游车的路线?
	Yǒu méiyǒu zuò lǚyóuchē de lùxiàn?
Where do we get on?	在哪里上车?
	Zài nǎli shàngchē?
Is there a guide who speaks English?	有没有导游会说英语的?
	Yǒu méiyǒu dǎoyóu huì shuō Yīng yǔ de?
What trips can we take around the area?	附近有什么景点值得去玩的?
	Fùjìn yǒu shénme jǐngdiǎn zhídé qù wán de?
Are there any excursions?	有没有短途旅游路线?
	Yǒu méiyǒu duǎntú lǚyóu lùxiàn?
Where do they go?	这些短途旅游去哪里?
	Zhèxiē duǎntú lǚyóu qù nǎli?
We'd like to go to...	我们想去…
	Wǒmen xiǎng qù ...
How long is the excursion?	这个短途旅游有多远?
	Zhè ge duǎntú lǚyóu yǒu duō yuǎn?
How long do we stay in...?	我们在…呆多久?
	Wǒmen zài ... dāi duō jiǔ?
Are there any guided tours?	这些旅游团有没有导游?
	Zhèxiē lǚyóutuán yǒu méiyǒu dǎoyóu?
How much free time will we have there?	到了哪里，我们有多少自由活动时间?
	Dàole nàli, wǒmen yǒu duōshao zìyóu huódòng shíjiān?
We want to have a walk around	我们想在附近走走
	Wǒmen xiǎng zài fùjìn zǒuzou
Can we hire a guide?	可以雇用一个导游吗?
	Kěyǐ gùyòng yī ge dǎoyóu ma?
What time does... open/close?	…几点开门／关门?
	... jǐdiǎn kāimén/guānmén?
What days are... open/closed?	…哪天开门／关门?
	... nǎ tiān kāimén/guānmén?
What's the admission price?	入场费是多少?
	Rùchǎngfèi shì duōshao?
Is there a group discount?	团体有没有优惠?
	Tuántǐ yǒu méiyǒu yōuhuì?
Is there a child discount?	小孩有没有优惠?
	Xiǎohái yǒu méiyǒu yōuhuì?
Is there a discount for senior citizens?	老人有没有优惠?
	Lǎorén yǒu méiyǒu yōuhuì?
Can I take (flash) photos here?	这里可以用闪光灯照相吗?
	Zhèlǐ kěyǐ yòng shǎnguāngdēng zhàoxiàng ma?
Can I film here?	这里可以拍录像吗?
	Zhèlǐ kěyǐ pāi lùxiàng ma?
Do you have an English...?	有没有英文的…
	Yǒu méiyǒu Yīngwén de ...
- catalog?	目录?
	mùlù?

- program? _____ 节目表?
jiémùbiǎo?

- brochure? _____ 旅游册?
lǚyóucè?

11.2 Going out

● **China** has an increasing number of bars, discos, late-night
restaurants and coffee shops. In major cities there are various
evening performances every night. Try to get in to see a martial arts
or acrobatic performance, a concert or Peking opera.

Do you have this _____ 有没有本周 / 本月的娱乐指南?
week's/month's   Yǒu méiyǒu běnzhōu/běnyuè de yúlè zhǐ'nán?
entertainment guide?

What's on tonight? _____ 今晚有什么好节目?
Jīnwǎn yǒu shénme hǎo jiémù?

We want to go to... _____ 我们想去…
Wǒmen xiǎng qù ...

What's playing at _____ 电影院上映什么?
the cinema?   Diànyǐngyuàn shàngyìng shénme?

What sort of film is _____ 那是什么电影?
that?   Nà shì shénme diànyǐng?

- suitable for everyone _____ 大人小孩都能看
dàrén xiǎohái dōu néng kàn

- not suitable for people _____ 十六岁以下的儿童不宜看
under 16   shíliù suì yǐxià de értóng bùyí kàn

- subtitled _____ 有字幕的
yǒu zìmù de

- dubbed _____ 翻译配音的
fānyì pèiyīn de

What's on at...? _____ 有什么上映?
... yǒu shénme shàngyìng?

- the theater? _____ 戏剧
xìjù?

- the opera? _____ 歌剧
gējù?

What's happening in _____ 音乐厅有什么表演?
the concert hall?   Yīnyuètīng yǒu shénme biǎoyǎn?

Where can I find a _____ 附近哪里有好的夜总会?
good nightclub   Fùjìn nǎli yǒu hǎo de yèzǒnghuì?
around here?

Is it evening wear only? _____ 要穿晚装吗?
Yào chuān wǎnzhuāng ma?

Should I/we dress up? _____ 我（们）要穿得正式吗?
Wǒ(men) yào chuānde zhèngshì ma?

What time does the _____ 表演什么时候开演?
show start?   Biǎoyǎn shénme shíhou kāiyǎn?

I'd like an escort for _____ 今晚我想找人陪我去
tonight   Jīnwǎn wǒ xiǎng zhǎo rén péi wǒ qù

Could you reserve some _____ 请给我们预订几张票
tickets for us?   Qǐng gěi wǒmen yùdìng jǐ zhāng piào

We'd like to book... ——— 我想订…个人的座儿 / 个人的桌子
seats/a table for... Wǒ xiǎng dìng ... ge rén de zuòr / ... ge rén de
zhuōzi

11 .3 **R**eserving tickets

...front row seats/a table 前排的座儿 / 在前面的…个人的桌子
for...at the front qiánpái de zuòr / zài qiánmiàn de .... ge rén de
zhuōzi

...seats in the middle/ 中间的座儿 / 中间的桌子
a table in the middle zhōngjiān de zuòr / zhōngjiān de zhuōzi

...back row seats/a table 后面的座儿 / 后面的桌子
at the back hòumiàn de zuòr / hòumiàn de zhuōzi

Could I reserve...seats ——— 我想预订…张…点开演的票
for the...o'clock Wǒ xiǎng yùdìng ... zhāng ...diǎn kāiyǎn de
performance? piào

Are there any seats left ——— 还有没有今晚的票?
for tonight? Hái yǒu méiyǒu jīnwǎn de piào?

How much is a ticket? ——— 多少钱一张票?
Duōshao qián yì zhāng piào?

When can I pick up ——— 票什么时候能取?
the tickets? Piào shénme shíhou néng qǔ?

I've got a reservation ——— 我预订了票
Wǒ yùdìngle piào

My name's... ——— 我的名字叫…
Wǒde míngzi jiào ...

你想预订哪一场的票? ——— Which performance do you
want to reserve for?

你想坐在哪里? ——— Where would you like to
sit?

票都卖完了 ——— Everything's sold out

只有站的位子 ——— It's standing room only

我们只有楼厅的票了 ——— We've only got circle seats
left

我们只有上层楼厅的票了 ——— We've only got upper circle
(way upstairs) seats left

我们只有前排的票了 ——— We've only got front row
seats left

我们只有后排的票了 ——— We've only got seats left at
the back

你要几张票? ——— How many seats would
you like?

你要在…点以前来取票 ——— You'll have to pick up the
tickets before... o'clock

这是你的位子 ——— This is your seat

(对不起),你坐错位子了 ——— You are in the wrong seat

Entertainment

Entertainment

12.1 Sporting questions

Where's the stadium/ gymnasium?	运动场 / 体育馆在哪里? Yùndòngchǎng/Tǐyùguǎn zài nǎli?
Can we go to see a ... game?	我们可以去看…比赛吗? Wǒmen kěyǐ qù kàn ... bǐsài ma?
- soccer	足球 zúqiú
- basketball	蓝球 lánqiú
- badminton	羽毛球 yǔmáoqiú
- table tennis	乒乓球 pīngpāngqiú
When does the game begin?	比赛什么时候开始? Bǐsài shénme shíhou kāishǐ?
What's the score?	比分是多少? Bǐfēn shì duōshao?
I've won	我赢了 Wǒ yíng le
I've lost	我输了 Wǒ shū le
We're even	打成平手 Dǎchéng píngshǒu

12.2 By the waterfront

Is it far (to walk) to the sea?	这里去海边远吗? Zhèlǐ qù hǎibiān yuǎn ma?
Is there a...around here?	这里有没有 ... ? Zhèlǐ yǒu méiyǒu ... ?
- swimming pool	游泳池 yóuyǒngchí
- sandy beach	沙滩 / 海滩 shātān/hǎitān
Are there any rocks here?	这里有没有石头? Zhèlǐ yǒu méiyǒu shítou?
When's high/low tide?	什么时候潮涨 / 潮退? Shénme shíhou cháozhǎng/cháotuì?
What's the water temperature?	水温是多少? Shuǐwēn shì duōshao?
Is it deep here?	水深不深? Shuǐ shēn bu shēn?
Is it safe (for children) to swim here?	(小孩) 在这里游泳安全吗? (Xiǎohái) zài zhèlǐ yóuyǒng ānquán ma?
Are there any...?	这里有没有…? Zhèlǐ yǒu méiyǒu...?

- currents	急流 jíliú
- sharks	鲨鱼 shāyú
- jellyfish	水母 shuǐmǔ
What does that flag mean?	那面旗是什么意思？ Nà miàn qí shì shénme yìsi?
What does that buoy mean?	那个浮标是什么意思？ Nà ge fúbiāo shì shénme yìsi?
Is there a lifeguard on duty?	这里有没有救生员值班？ Zhèlǐ yǒu méiyǒu jiùshēngyuán zhíbān?
Where can I get...?	哪里有…？ Nǎli yǒu ... ?
- a bathing suit	游泳衣 yóuyǒngyī
- a chair	椅子 yǐzi
- a beach umbrella	太阳伞 tàiyángsǎn
- a towel	毛巾 máojīn
Where can I have a shower?	哪里可以淋浴？ Nǎli kěyǐ línyù?

危险 Danger	这里不准游泳／钓鱼 No swimming / fishing

12.3 In the snow

Can I take ski lessons here?	这里有没有学滑雪的班？ Zhèlǐ yǒu méiyǒu xué huáxuě de bān?
For beginners/ intermediates	初级班／中级班 chūjíbān/zhōngjíbān
How large are the groups?	一般有多少人？ Yìbān yǒu duōshao rén?
What languages are the classes in?	上课讲什么语言？ Shàngkè jiǎng shénme yǔyán?
I'd like a lift pass, please	请给我吊篮票 Qǐng gěi wǒ diàolánpiào
Where are the beginners' slopes?	初级滑雪道在哪里？ Chūjí huáxuědào zài nǎli?
Where are the intermediate runs?	中级滑雪道在哪里？ Zhōngjí huáxuědào zài nǎli?
Are there any cross-country ski runs around here?	这里有没有越野滑雪道？ Zhèlǐ yǒu méiyǒu yuèyě huáxuědào?
Have the cross-country runs been marked?	越野滑雪道有没有标志？ Yuèyě huáxuědào yǒu méiyǒu biāozhì?
Are the...open?	…开不开？ ... kāi bu kāi?

- the ski lifts _____ 滑雪吊篮
huáxuě diàolán

- the chair lifts _____ 上山吊车
shàngshān diàochē

- the runs _____ 滑雪道
huáxuědào

- the cross-country runs ___ 越野滑雪道
yuèyě huáxuědào

12.4 Sightseeing

I'd like to visit... _____ 我想参观…
Wǒ xiǎng cānguān …

- a temple _____ 寺庙
sìmiào

- a pagoda _____ 宝塔
bǎotá

- a palace _____ 宫殿
gōngdiàn

- a tomb _____ 陵墓
língmù

- entombed warriors _____ 兵马俑
bīngmǎyǒng

- the Great Wall of China ___ 长城
Chángchéng

- the Forbidden City _____ 故宫博物院
Gùgōng bówùyuàn

- the Summer Palace _____ 颐和园
Yíhéyuán

- the Altar of Heaven _____ 天坛
Tiāntán

- a museum _____ 博物馆
bówùguǎn

- an art gallery _____ 美术馆
měishùguǎn

I'd like to see ... _____ 我想看看…
Wǒ xiǎng kànkan …

- pandas _____ 熊猫
xióngmāo

- natural scenery _____ 自然风景
zìrán fēngjǐng

- national minorities _____ 少数民族
shǎoshùmínzu

12.5 Nightlife

Where's the bar? _____ 酒吧在哪里？
Jiǔbā zài nǎli?

Is there a disco here? _____ 这里有迪斯科吗？
Zhèlǐ yǒu dísīkē ma ?

Please bring me a beer —— 请给我来一杯啤酒
Qǐng gěi wǒ lái yī bēi píjiǔ

I'd like a glass of whisky —— 我想要一杯威士忌
Wǒ xiǎng yào yì bēi wēishìjì

straight —— 不加冰块
Bù jiā bīngkuài

on the rocks —— 加冰块
Jiā bīngkuài

12.6 Cultural performances

I'd like to see ... —— 我想看…
Wǒ xiǎng kàn ...

- Peking opera —— 京剧
Jīngjù

- local opera —— 地方戏
dìfāngxì

- an acrobatic —— 杂技表演
performance zájì biǎoyǎn

- a song and dance —— 歌舞
show gēwǔ

- a martial arts —— 武术表演
performance wǔshù biǎoyǎn

- folk dances —— 民间舞蹈
mínjiān wǔdǎo

- a Chinese classical —— 国乐演奏
music concert guóyuè yǎnzòu

- a Chinese movie —— 中国电影
Zhōngguó diànyǐng

- a kungfu/action —— 武术片 / 动作片
movie wǔshùpiān / dòngzuòpiān

I'd like to go to a —— 我想去听音乐会
concert Wǒ xiǎng qù tīng yīnyuèhuì

I'd like to go to a —— 我想去听歌唱会
singing recital Wǒ xiǎng qù tīng gēchànghuì

Are there English —— 有没有英文字幕?
subtitles? Yǒu méiyǒu Yīngwén zìmù?

Are there any tickets —— 有没有今晚的票?
for tonight's show? Yǒu méiyǒu jīnwǎn de piào?

How much are the least —— 最便宜的座位多少钱?
expensive seats? Zuì piányi de zuòwèi duōshao qián?

How much are front —— 前排座位多少钱?
row seats? Qiánpái zuòwèi duōshao qián?

Entertainment

12

Sickness

13 Sickness

13.1 Call (get) the doctor

● **If you become ill** or need emergency treatment, you can call 120 or 999 for emergency treatment. There are special departments for foreign nationals in many large hospitals where they have better facilities and you are expected to pay more for the treatment. Alternatively, foreign nationals can choose to go to the Casualty department at the nearest hospital.The procedures are: first, go directly to Casualty to register; second, have your illness treated; and third, settle the bill. Of course, in critical cases, treatment will come first and then registration and payment later.

Could you call (get) a doctor quickly, please? — 请给我找个大夫 / 医生
Qǐng gěi wǒ zhǎo ge dàifu/yīshēng

When are the doctor's working hours? — 大夫 / 医生几点到几点看病?
Dàifu/Yīshēng jǐ diǎn dào jǐ diǎn kànbìng?

When can the doctor come? — 大夫 / 医生什么时候能来?
Dàifu/Yīshēng shénme shíhou néng lái?

Could I make an appointment to see the doctor? — 我想预约看病, 可以吗?
Wǒ xiǎng yùyuē kànbìng, kěyǐ ma?

I've got an appointment to see the doctor at... o'clock — 我跟预约好⋯点钟看病
Wǒ gēn yùyuēhǎo ... diǎnzhōng kànbìng

Which pharmacy is on night/weekend duty? — 哪个药房 / 晚上 / 周末营业?
Nǎ ge yàofáng wǎnshang/zhōumò yíngyè?

13.2 Patient's ailments

I don't feel well — 我不太舒服
Wǒ bú tài shūfu

I'm dizzy — 我头晕
Wǒ tóuyūn

I'm ill — 我病了
Wǒ bìng le

I feel sick (nauseous) — 我想吐
Wǒ xiǎng tù

I've got a cold — 我感冒了
Wǒ gǎnmào le

I've got diarrhea — 我腹泻 / 泻肚子了
Wǒ fùxiè / xiè dùzi le

I have trouble breathing — 我感觉呼吸困难
Wǒ gǎnjué hūxī kùnnan

I feel tired all over — 我浑身没劲
Wǒ hùnshēn méijìn

I've burnt myself — 我烧伤了
Wǒ shāoshāng le

It hurts here — 这里疼
Zhèlǐ téng

I've been sick (vomited) — 我呕吐了
Wǒ ǒutù le

I'm running a temperature of...degrees	我发烧，…度 Wǒ fāshāo, ...dù
I've been...	我… Wǒ ...
- stung by a wasp	被黄蜂螫了 bèi huángfēng shìle
- stung by an insect	被什么虫子螫了 bèi shénme chóngzi shīle
- stung by a jellyfish	被水母螫了 bèi shuǐmǔ shìle
- bitten by a dog	被狗咬了 bèi gǒu yǎole
- bitten by a snake	被蛇咬了 bèi shé yàole
I've cut myself	我割伤自己了 Wǒ gēshāng zìjǐ le
I've burned myself	我烧伤自己了 Wǒ shāoshāng zìjǐ le
I've grazed/scratched myself	我擦伤 / 抓伤自己了 Wǒ cāshāng/zhuāshāng le
I've had a fall	我跌伤了 Wǒ diēshāng le

13.3 The consultation

你哪里不舒服？	What seems to be the problem?
你有这个病情多久了？	How long have you had these complaints?
以前有过这个病吗？	Have you had this trouble before?
发烧吗？ 多少度？	Do you have a temperature? What is it?
请解开上衣	Open your shirt, please
请脱下上衣	Strip to the waist, please
你可以在这里脱衣服	You can undress here
请卷起左 / 右袖子	Roll up your left/right sleeve, please
请躺在这里	Lie down here, please
疼不疼？	Does this hurt?
深呼吸	Breathe deeply
张开嘴	Open your mouth

I've sprained my ankle —— 我扭伤了
Wǒ niǔshāng le

Could I have a female —— 请给我找一位女大夫
doctor, please? Qǐng gěi wǒ zhǎo yī wèi nǚ dàifu

I'd like the morning- —— 我要买行房后第二天用的避孕药
after pill Wǒ yào mǎi xíngfáng hòu dì'èr tiān yòng de
bìyùnyào

Patients' medical history

I'm a diabetic —— 我有糖尿病
Wǒ yǒu tángniàobìng

I have a heart condition —— 我有心脏病
Wǒ yǒu xīnzàngbìng

I'm asthmatic —— 我患气喘病的
Wǒ huàn qìchuǎnbìng de

I'm allergic to... —— 我对…过敏的
Wǒ duì ... guòmǐn de

I'm...months pregnant —— 我怀孕…个月
Wǒ huáiyùn ... ge yuè

I'm on a diet —— 我在节食
Wǒ zài jiéshí

I'm on medication/ —— 我在服药物 / 避孕药
the pill Wǒ zài fú yàowù/bìyùnyào

I've had a heart attack —— 我以前试过一次心脏病发作
once before Wǒ yǐqián shìguo yī cì xīnzàngbìng fāzuò

I've had a(n)...operation —— 我以前做过…手术
Wǒ yǐqián zuòguo ... shǒushù

I've been ill recently —— 我最近病过一次
Wǒ zuìjìn bìngguo yí cì

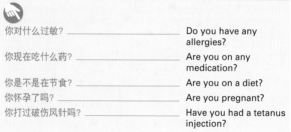

你对什么过敏? Do you have any
allergies?

你现在吃什么药? Are you on any
medication?

你是不是在节食? Are you on a diet?

你怀孕了吗? Are you pregnant?

你打过破伤风针吗? Have you had a tetanus
injection?

Sickness

13

The diagnosis

不要紧	It's nothing serious
你的…断了	Your...is broken
你扭伤了	You've got a sprained...
你的…扯破了	You've got a torn...
你感染 / 发炎了	You've got an infection
你的…发炎了	You've got some inflammation
你得了阑尾炎	You've got appendicitis
你得了气管炎	You've got bronchitis
你得了性病	You've got a venereal disease
你得了感冒	You've got the flu
你的心脏病发作了	You've had a heart attack
你得了肺炎	You've got pneumonia
你得了胃炎 / 胃溃疡	You've got gastritis/ an ulcer
你扯伤了肌肉	You've pulled a muscle
你的阴道发炎了	You've got a vaginal infection
你进食中毒了	You've got food poisoning
你中暑了	You've got sunstroke
你对…过敏	You're allergic to...
你怀孕了	You're pregnant
我要给你化验你的血 / 尿 / 大便	I'd like to have your blood/urine/stools tested
要缝合伤口	It needs stitches
我把你交给专科医生	I'm referring you to a specialist
我把你送进医院	I'm sending you to the hospital
你要去做透视	You'll need some x-rays taken
请你在候诊室等候	Could you wait in the waiting room, please?
你需要做手术	You'll need an operation

I need something for diarrhea	我要治腹泻的药 Wǒ yào zhì fùxiè de yào
I need something for a cold	我要治感冒的药 Wǒ yào zhì gǎnmào de yào
I've got a stomach ulcer	我有胃溃疡 Wǒ yǒu wèikuìyáng
I've got my period	我月经刚来 Wǒ yuèjīng gāng lái
Is it contagious?	会传染吗？ Huì chuánrǎn ma?
How long do I have to stay...?	我要在…多久？ Wǒ yào zài ... duō jiǔ?

- in bed	躺在床上
	tǎng zài chuángshang
- in the hospital	住院
	zhùyuàn
Do I have to go on a special diet?	我要特别节食吗?
	Wǒ yào tèbié jiéshí ma?
Am I allowed to travel?	我可以去旅游吗?
	Wǒ kěyǐ qù lǚyóu ma?
Can I make another appointment?	我可以再预约个时间吗?
	Wǒ kěyǐ zài yùyuē ge shíjiān ma?
I'll come back tomorrow	我明天回来
	Wǒ míngtiān huílai
How do I take this medicine?	这种药怎么吃?
	Zhè zhǒng yào zěnme chī?

| 请明天 / …天后回来复诊 | Come back tomorrow/ in...days' time |

13.4 Medication and prescriptions

How many pills/drops/ spoonfuls/tablets each time?	每次多少片 / 滴 / 勺 / 丸?
	Měi cì duōshao piàn/dī/sháo/wǎn?
How many injections each time?	每次打几针?
	Měi cì dǎ jǐ zhēn?
How many times a day?	一天多少次?
	Yì tiān duōshao cì?
I've forgotten my medication	我忘了吃药
	Wǒ wàngle chī yào
At home I take...	在家我吃…
	Zài jiā wǒ chī ...
Could you write a prescription for me, please?	请给我开个药方
	Qǐng gěi wǒ kāi ge yàofāng

我给你开抗生素 / 咳嗽药水 / 镇静剂 / 止痛药	I'm prescribing antibiotics/lozenges/ a mixture/a tranquilizer/ painkillers
好好休息	Have lots of rest
不要外出	Stay indoors
躺在床上	Stay in bed

Sickness

13

药丸	全部吃完大夫／医生开的药	揉搓
pills	finish the prescription	rub on
溶化在水里		打针
dissolve in water	吞下	injections
饭前	swallow (whole)	药膏
before meals	外用	ointment
饭后	external use only	每天…次
after meals	勺／茶勺	…times a day
药片	spoonful/teaspoonful	…天
tablets		for… days
滴剂	每…钟头／小时	吃／喝（药）
drops	every…hours	take
这种药影响开车		
this medication impairs your driving		

13.5 At the dentist's

Do you know a good dentist?	这里有好的牙科医生吗？
	Zhèlǐ yǒu hǎo de yákē yīshēng ma?
Could you make a dentist's appointment for me?	请给我预约牙科医生
	Qǐng gěi wǒ yùyuē yákē yīshēng
It's urgent	这是紧急的
	Zhè shì jǐnjí de
Can I come in today, please	我能今天来吗？
	Wǒ néng jīntiān lái ma?
I have a (terrible) toothache	我的牙疼死我了
	Wǒde yá téngsǐ wǒ le
Could you prescribe/ give me a painkiller?	可以给我开个止痛药吗？
	Kěyǐ gěi wǒ kāi ge zhǐtòngyào ma?
I've got a broken tooth	我的牙撞坏了
	Wǒde yá zhuànghuàile
My filling's come out	我补牙的填充物掉出来了
	Wǒ bǔyá de tiánchōngwù diàochūlai le
I've got a broken crown	我的齿冠撞坏了
	Wǒde chǐguān zhuànghuài le
I'd like a local anaesthetic	请给我打麻药
	Qǐng gěi wǒ dǎ máyào
I don't want a local anaesthetic	请不要给我打麻药
	Qǐng búyào gěi wǒ dǎ máyào
I'm giving you a local anaesthetic	我现在给你打麻药
	Wǒ xiànzài gěi nǐ dǎ máyào
Could you do a temporary repair?	可以给我临时补一补牙吗？
	Kěyǐ gěi wǒ línshí bǔ yī bǔyá ma?
I don't want this tooth pulled	我不要你拔这只牙
	Wǒ búyào nǐ bá zhè zhī yá
My denture is broken	我的假牙撞坏了
	Wǒde jiǎyá zhuànghuài le

可以修理吗?	Can you fix it?
你哪只牙疼?	Which tooth hurts?
你的牙神经发炎	You've got an abscess
我得给你拔这只牙	I'll have to pull this tooth
我得给你补／锉平这只牙	I'll have to fill/file this tooth
我得钻这只牙	I'll have to drill it
请张开你的嘴	Open wide, please
请张开得大一点	Open wider, please
请把你的嘴合起来	Close your mouth, please
请咬紧你的牙	Bite together, please
请嗽口	Rinse, please
还疼吗?	Does it hurt still?

In trouble

14 In trouble

14.1 Asking for help

Help!	救命啊！ Jiùmìng a!
Get help quickly!	快叫人来帮忙！ Kuài jiào rén lái bāngmáng!
Fire!	救火啦！ Jiùhuǒ la!
Police!	我要警察！ Wǒ yào jǐngchá!
Get a doctor!	去找大夫／医生来！ Qù zhǎo dàifu/yīshēng lái!
Quick/Hurry!	快！ Kuài!
Danger!	危险！ Wēixiǎn!
Watch out!/ Be careful!	当心！ Dāngxīn!
Stop!	站住／停住 Zhànzhù! / Tíngzhǐ!
Get your hands off me!	拿开你的手！ Nákāi nǐde shǒu!
Let go!	放开我！ Fàngkāi wǒ!
Stop thief!	抓贼啦！ Zhuā zéi la!
Could you help me, please?	请帮个忙，可以吗？ Qǐng bāng ge máng, kěyǐ ma?
Where's the police station/emergency exit/ fire escape?	公安局（警察局）／紧急出口／太平梯在哪里？ Gōng'ānjú (Jǐngchájú) / jǐnjí chūkǒu / tàipíngtī zài nǎli?
Where's the nearest fire extinguisher?	最近的灭火器在哪里？ Zuìjìnde mièhuǒqì zài nǎli?
Call the fire department!	快叫消防局！ Kuài jiào xiāofángjú!
Call the police!	快叫警察！ Kuài jiào jǐngchá!
Call an ambulance!	快叫救护车！ Kuài jiào jiùhùchē!
Where's the nearest phone?	最近的电话在哪里？ Zuìjìnde diànhuà zài nǎli?
Could I use your phone?	可以借用你的电话吗？ Kěyǐ jièyòng nǐde diànhuà ma?
What's the emergency number?	紧急号码是多少？ Jǐnjí hàomǎ shì duōshao?
What's the number for the police?	公安局／警察局的电话是多少？ Gōng'ānjú/Jǐngchájú de diànhuà shì duōshao?

In trouble

14

14.2 Loss

I've lost my wallet/ purse —— 我丢失了钱包
Wǒ diūshīle qiánbāo

I lost my...here yesterday —— 我昨天在这里丢了我的…
Wǒ zuótiān zài zhèlǐ diūle wǒde ...

I left my...here —— 我在这里丢下我的…
Wǒ zài zhèlǐ diūxià wǒde ...

Did you find my...? —— 你找到我的…了吗?
Nǐ zhǎodào wǒde ... ma?

It was right here —— 我记得是放在这里的
Wǒ jìde shì fàng zài zhèlǐ de

It's very valuable —— 这是很贵重的
Zhè shì hěn guìzhòng de

Where's the lost and found office? —— 失物招领处在哪里?
Shīwù zhāolǐngchù zài nǎli?

14.3 Accidents

There's been an accident —— (我们) 这儿出事故了
(Wǒmen) zhèr chū shìgù le

Someone's fallen into the water —— 有人掉进水里了!
Yǒurén diàojìn shuǐ lǐ le!

There's a fire —— 失火了! / 着火了!
Shīhuǒ le! / Zháohuǒ le!

Is anyone hurt? —— 有没有人受伤?
Yǒu méiyǒu rén shòushāng?

Nobody/someone has been injured —— 没人受伤 / 有人受伤了
Méi rén shòushāng / Yǒu rén shòushāng le

Someone's still trapped inside the car —— 有人还困在车里面
Yǒu rén hái kùn zài chē lǐmiàn

It's not too bad —— 还算好
Hái suàn hǎo

Don't worry —— 不要担心
Búyào dānxīn

Leave everything the way it is, please —— 请让所有的东西保持原状
Qǐng ràng suǒyǒu de dōngxi bǎochí yuánzhuàng

I want to talk to the police first —— 我要先跟警察谈谈
Wǒ yào xiān gēn jǐngchá tántan

I want to take a photo first —— 我要先拍个照
Wǒ yào xiān pāi ge zhào

Here's my name and address —— 这是我的名字和地址
Zhè shì wǒde míngzi hé dìzhǐ

May I have your name and address? —— 请给我你的名字和地址
Qǐng gěi wǒ nǐde míngzi hé dìzhǐ

Could I see your identity card/your insurance papers? —— 请给我看看你的身份证 / 保险单
Qǐng gěi wǒ kànkan nǐde shēnfènzhèng / bǎoxiǎndān

Will you act as a witness? —— 你愿意作证吗?
Nǐ yuànyì zuòzhèng ma?

I need this information for insurance purposes	我的保险公司需要这些资料 Wǒde bǎoxiǎn gōngsī xūyào zhèxiē zīliào
Are you insured?	你有保险吗？ Nǐ yǒu bǎoxiǎn ma?
Third party or all inclusive?	你买的保险是第三者保险还是全保？ Nǐ mǎi de shì bǎoxiǎn shì dìsānzhě bǎoxiǎn háishì quánbǎo?
Could you sign here, please?	请在这里签个名 Qǐng zài zhèlǐ qiān ge míng

14.4 Theft

I've been robbed	我被抢劫了 Wǒ bèi qiǎngjié le
My...has been stolen	我的⋯被人偷了 Wǒde ... bèi rén tōu le
My car's been broken into	我的汽车被贼撬开了 Wǒde qìchē bèi zéi qiàokāi le

14.5 Missing person

I've lost my child	我的孩子丢失了 Wǒ de háizi diūshīle
Could you help me find him/her?	你能帮我找他 / 她吗？ Nǐ néng bāng wǒ zhǎo tā ma?
Have you seen a lost child?	你看见过一个迷路的小孩吗？ Nǐ kànjiànguo yī ge mílù de xiǎohái ma?
He's/she's...years old	他 / 她⋯岁 Tā ... suì
He/she's got...hair	他 / 她的头发是⋯色的 Tā de tóufa shì ...sè de
short/long	短 / 长 duǎn/cháng
blond/red/brown/black/grey	金色 / 红色 / 棕色 / 黑色 / 灰色 jīnsè/hóngsè/zōngsè/hēisè/huīsè
curly/straight/ frizzy	卷发 / 直发 / 小卷结 juǎnfà/zhífà/xiǎojuǎnjié
...in a ponytail	梳马尾的 shū mǎwěi de
...in braids	梳辫子的 shū biānzi de
...in a bun	梳发髻的 shū fàjì de
He's/she's got blue/brown/green eyes	他 / 她的眼睛是蓝色的 / 棕色的 / 绿色的 Tāde yǎnjing shì lánsè de / zōngsè de / lǜsè de
He/she's wearing...	他 / 她穿着⋯ Tā chuānzhe
swimming trunks/hiking boots	游泳裤子 / 旅行鞋 yóuyǒng kùzi / lǚxíngxié
with/without glasses	戴着 / 没戴着眼镜 dàizhe / méi dàizhe yǎnjìng

In trouble

14

carrying/not carrying a bag	手拿着 / 没拿着一个袋子 shǒu názhe / méi názhe yí ge dàizi
He/She is tall/short	他 / 她长得高 / 矮 Tā zhǎngde gāo/ǎi
This is a photo of him/her	这是他 / 她的照片 Zhè shì tāde zhàopiàn
He/she must be lost	他 / 她一定是迷路了 Tā yídìng shì mílù le

.6 The police

An arrest

请给我你的驾驶证	Your (vehicle) documents, please
你超速了	You were speeding
这里不能停放车辆	You're not allowed to park here
你没有在计时器里投钱	You haven't put money in the parking meter
你的前灯 / 后灯不亮	Your front/rear lights aren't working
这是…罚款	That's a ...fine
你想现在付款吗?	Do you want to pay now?
你得现在付款	You'll have to pay now

I don't speak Chinese	我不会说汉语 Wǒ búhuì shuō Hànyǔ
I didn't see the sign	我没看见标志 Wǒ méi kànjiàn biāozhì
I don't understand what it says	我看不懂上面说什么? Wǒ kànbudǒng shàngmiàn shuō shénme
I was only doing... kilometers an hour	我的速度每小时只是…公里 Wǒde sùdù měi xiǎoshí zhǐ shì ... gōnglǐ
I'll have my car checked	我马上去修理汽车 Wǒ mǎshàng qù xiūlǐ qìchē
I was blinded by oncoming lights	开过来的车灯把我眼睛弄花了 Kāiguòlái de chēdēng bǎ wǒde yǎnjing nònghuāle

At the police station

I want to report a collision/missing person/rape	我要报撞车 / 失踪 / 强奸的案子 Wǒ yào bào zhuàngchē / shīzōng / qiángjiān de ànzi
Could you make a statement, please?	你能作笔供吗? Nǐ néng zuò bǐgòng ma?
Could I have a copy for the insurance?	我能要一份保险单的副本吗? Wǒ néng yào yí fèn bǎoxiǎndān de fùběn ma?

In trouble

14

I've lost everything	我所有的东西都丢失了
	Wǒ suǒyǒu de dōngxi dōu diūshī le
I've no money left, I'm desperate	我的钱也丢了，我走投无路了
	Wǒde qián yě diū le, wǒ zǒu-tóu wú-lù le
Could you lend me a little money?	你能借我一点钱吗？
	Nǐ néng jiè wǒ yìdiǎn qián ma?
I'd like an interpreter	我需要一个翻译
	Wǒ xūyào yí ge fānyì
I'm innocent	我是无辜的
	Wǒ shì wúgū de
I don't know anything about it	这件事我什么都不知道
	Zhè jiàn shì wǒ shénme dōu bù zhīdao
I want to speak to someone from the American embassy	我要跟美国大使馆的人说话
	Wǒ yào gēn Měiguó Dàshǐguǎn de rén shuōhuà
I want a lawyer who speaks...	我要找一个会说…的律师
	Wǒ yào zhǎo yí ge huì shuō ... de lǜshī

在哪里发生的？	Where did it happen?
什么时候发生的？	What time did it happen?
你丢失了什么？	What's missing?
小偷拿了什么？	What's been taken?
请给我看看你的身份证／护照？	Could I see your identity card/passport
有没有证人？	Are there any witnesses?
请在这里签名	Sign here, please
你需要翻译吗？	Do you want an interpreter?

In trouble

14

15

Word list

15 Word list

The following word list is meant to supplement the chapters in this book. Some of the words not on this list can be found elsewhere in this book. Food items can be found in sections 4.7 and 4.8, and the parts of a car on pages 50-51 and the parts of a bicycle/moped on page 54.

A

abacus	算盘	suànpán
about (approximately)	大约	dàyuē
above	上面	shàngmiàn
abroad	国外	guówài
accident	事故	shìgù
adapt (verb)	适应	shìyìng
adaptor	插座	chāzuò
address	地址	dìzhǐ
admission	入场	rùchǎng
admission price	入场费	rùchǎngfèi
adult	成人	chéngrén
advice	建议	jiànyì
aerogram	航空邮件	hángkōng yóujiàn
aeroplane	飞机	fēijī
after	在…以后	zài ... yǐhòu
afternoon	下午	xiàwǔ
aftershave	刮胡子后用的 香水	guā húzi hòu yòng de xiāngshuǐ
again	再	zài
against	反对	fǎnduì
age	年龄	niánlíng
agree	同意	tóngyì
AIDS	艾滋病	àizībìng
air	空气	kōngqì
air conditioning	空调	kōngtiáo
air mattress	气垫	qìdiàn
air pollution	空气污染	kōngqì wūrǎn
airmail	航空邮件	hángkōng yóujiàn
airplane	飞机	fēijī
airport	飞机场	fēijīchǎng
alarm	警钟	jǐngzhōng
alarm clock	闹钟	nàozhōng
alcohol	酒	jiǔ
all day	全天	quántiān
all the time	总是	zǒngshì
allergy	过敏	guòmǐn
alone	单独	dāndú
also	也	yě
altogether	一共	yígòng
always	总是	zǒngshì
ambulance	救护车	jiùhùchē
America	美国	Měiguó
American (in general)	美国的	Měiguó de
American (people)	美国人	Měiguórén
amount	数量	shùliàng
amusement park	游乐场	yóulèchǎng
anaesthetic (general)	全身麻醉	quánshēn mázuì
anaesthetic (local)	局部麻醉	júbù mázuì

angry	生气	shēngqì
animal	动物	dòngwù
ankle	踝	huái
answer	回答	huídá
ant	蚂蚁	mǎyǐ
antibiotics	抗生素	kàngshēngsù
antique	古旧	gǔjiù
antiques	古玩	gǔwǎn
antiseptic	防腐剂	fángfǔjì
anus	肛门	gāngmén
any	任何	rènhé
anyone	任何人	rènhé rén
apartment	公寓	gōngyù
apologies	道歉	dàoqiàn
apple	苹果	píngguǒ
apple juice	苹果汁	píngguǒzhī
appointment (meeting)	预约	yùyuē
April	四月	Sìyuè
architecture	建筑	jiànzhù
area	地区	dìqū
area code	区号	qūhào
argue	争吵	zhēngchǎo
arm	胳膊	gēbo
arrange	筹办	chóubàn
arrive	到	dào
art	艺术	yìshù
arts and crafts	工艺美术	gōngyì měishù
artery	血管，动脉	xuèguǎn, dòngmài
artificial respiration	人工呼吸	réngōng hūxī
ashtray	烟灰缸	yānhuīgāng
ask (verb)	问	wèn
ask for	要	yào
aspirin	阿司匹林	āsīpǐlín
asthma	哮喘	xiàochuǎn
at	在	zài
at home	在家	zài jiā
at night	晚上	wǎnshang
at the back	后面	hòumiàn
at the front	前面	qiánmiàn
at the latest	最迟／最晚	zuìchí/zuìwǎn
August	八月	Bāyuè
Australia	澳大利亚／澳洲	Àodàlìyà/Àozhōu
Australian (in general)	澳大利亚的／澳洲的	Àodàlìyàde/Àozhōude
Australian (people)	澳大利亚人／澳洲人	Àodàlìyàrén/Àozhōurén
automatic	自动的	zìdòngde
autumn	秋天	qiūtiān
avoid	避免	bìmiǎn
awake	醒	xǐng

B

baby	婴儿	yīng'ér
baby food	婴儿食品	yīng'ér shípǐn
babysitter	临时保姆	línshí bǎomǔ
back (part of body)	背	bèi
back (rear)	后面	hòumiàn
backpack	背包	bèibāo

backpacker	背包旅行者	bèibāo-lǚxíngzhě
bad (rotting)	臭	chòu
bad (terrible)	坏 / 糟	huài/zāo
bag	袋子	dàizi
baggage	行李	xíngli
ball	球	qiú
ballpoint pen	圆珠笔	yuánzhūbǐ
banana	香蕉	xiāngjiāo
bandage	绷带	bēngdài
Band Aid	创可贴	chuàngkětiē
bank (finance)	银行	yínháng
bank (river)	河岸	hé'àn
banquet	宴会	yànhuì
bar (cafè)	酒吧	jiǔbā
barber	理发店	lǐfàdiàn
barbecue	烧烤	shāokǎo
bargain	讲价	jiǎngjià
baseball	棒球	bàngqiú
basketball	篮球	lánqiú
bathtub	浴缸 / 浴盆	yùgāng/yùpén
bathe	洗澡	xǐzǎo
bathmat	浴室防滑垫	yùshì fánghuádiàn
bathrobe	浴衣	yùyī
bathroom (bathing)	浴室	yùshì
bathroom (lavatory)	洗手间 / 厕所	xǐshǒujiān/cèsuǒ
bath towel	浴巾	yùjīn
battery	电池	diànchí
beach	海滩	hǎitān
beancurd	豆腐	dòufu
beautiful	漂亮 / 美丽	piàoliang/měilì
beauty parlor	美容院	měiróngyuàn
because	因为	yīnwèi
bed	床	chuáng
bedroom	卧室	wòshì
bedding	被褥	bèirù
beef	牛肉	niúròu
beer	啤酒	píjiǔ
before	以前	yǐqián
beggar	乞丐	qǐgài
begin	开始	kāishǐ
behind	在…后面	zài ... hòumiàn
below	在…下面	zài ... xiàmiàn
belt	腰带	yāodài
berth	卧铺	wòpù
beside	在…旁边	zài ... pángbiān
best	最好	zuì hǎo
better	比较好	bǐjiào hǎo
better (to get)	好转	hǎozhuǎn
between	在…之间	zài ... zhījiān
bicycle	自行车	zìxíngchē
big	大	dà
bikini	三点式泳衣	sāndiǎnshì yǒngyī
bill	帐单	zhàngdān
billiards	桌球	zhuōqiú
bird	鸟	niǎo
birthday	生日	shēngrì
biscuit	饼干	bǐnggān
bite	咬	yǎo
bitter	苦的	kǔde

black	黑色	hēisè
black and white	黑白	hēibái
black eye	青黑的眼睛	qīnghēi de yǎnjing
bland (taste)	单调	dāndiào
blanket	毯子	tǎnzi
bleach (verb)	漂白	piàobái
bleed	流血	liúxuè
blind (can't see)	看不见	kànbujiàn
blind (on window)	窗帘	chuānglián
blister	水疱	shuǐpào
blond	金发	jīnfà
blood	血	xuè
blood pressure	血压	xuèyā
blood transfusion	输血	shūxuè
blouse	女衬衫	nǚ chènshān
blue	蓝色	lánsè
boat	船	chuán
body	身体	shēntǐ
boiled water	开水	kāishuǐ
bone	骨头	gǔtou
book	书	shū
booked, reserved	预订了	yùdìngle
booking office	订票处	dìngpiàochù
bookshop	书店	shūdiàn
border	边界	biānjiè
bored/boring	闷 / 无聊	mèn/wúliáo
born	出生	chūshēng
borrow	借	jiè
botanic gardens	植物园	zhíwùyuán
both	两个	liǎng ge
bottle (baby's)	奶瓶	nǎipíng
bottle (wine)	瓶子	píngzi
bottle-warmer	暖瓶器	nuǎnpíngqì
bottle opener	开瓶器	kāipíngqì
bowl	碗	wǎn
box	盒子	hézi
box office	票房	piàofáng
boy	男孩儿	nánháir
boyfriend	男朋友	nánpéngyou
bra	乳罩	rǔzhào
bracelet	手镯	shǒuzhuó
braised	炒	chǎo
brake	刹车	shāchē
brake oil	刹车油	shāchěyóu
bread	面包	miànbāo
break (verb)	弄坏	nònghuài
breakfast	早饭	zǎofàn
breast	乳房	rǔfáng
breathe	呼吸	hūxī
bridge	桥	qiáo
bring	拿	ná
brochure	小册子	xiǎocèzi
broken	坏了	huàile
bronze	铜 / 青铜	tóng/qīngtóng
brother	兄弟	xiōngdì
brothel	妓院	jìyuàn
brown	褐色 / 棕色	hèsè/zōngsè
bruise	青肿	qīngzhǒng
brush	刷子	shuāzi

Buddhism	佛教	Fójiào
building	大楼	dàlóu
bulb	电灯泡	diàndēngpào
burglary	盗窃	dàoqiè
burn (injury)	烧伤	shāoshāng
burn (verb)	烧	shāo
bus	公共汽车	gōnggòngqìchē
bus stop	汽车站	qìchēzhàn
business	商业	shāngyè
business card	名片	míngpiàn
business class	头等舱	tóuděngcāng
business trip	出差	chūchāi
businessman	商人	shāngrén
busy (schedule)	忙	máng
busy (traffic)	拥挤	yōngjǐ
but	但是	dànshì
butter	黄油	huángyóu
button (for clothes)	扣子	kòuzi
button (to press)	按钮	ànniǔ
buy	买	mǎi
by airmail	航空	hángkōng
by phone	打电话	dǎ diànhuà

C

cabbage	卷心菜	juǎnxīncài
cabin	客舱	kècāng
cake	蛋糕	dàn'gāo
cake shop	糕点店	gāodiǎndiàn
call (name)	名叫	míng jiào
call (phone)	打电话	dǎ diànhuà
calligraphy	书法	shūfǎ
camera	照相机	zhàoxiàngjī
camping	野营	yěyíng
can (be able to)	能 / 可以	néng, kěyǐ
can (tin of food)	罐头	guàntóu
can opener	罐头刀	guàntóudāo
cancel	取消	qǔxiāo
candle	蜡烛	làzhú
candy	糖果	tángguǒ
Cantonese	广州话	Guǎngzhōuhuà
car	汽车	qìchē
car seat (child's)	小孩座儿 （汽车里的）	xiǎohái zuòr (qìchē lǐ de)
car trouble	汽车有毛病	qìchē yǒu máobìng
card	名片	míngpiàn
cardigan	毛衣	máoyī
care for	照顾	zhàogu
careful	小心	xiǎoxīn
carpet	地毯	dìtǎn
carriage	客车厢	kèchēxiāng
carrot	胡萝卜	húluobo
carry	提 / 带 / 载	tí/dài/zài
cartridge	（照相软片的） 暗盒	(zhàoxiàng ruǎnpiàn de) ànhé
cash	现款	xiànkuǎn
cash a check	兑现	duìxiàn
cash machine	提款机	tíkuǎnjī
cashier	出纳员	chū'nàyuán
casino	赌场	dǔchǎng

cassette	盒式磁带	héshì cídài
cat	猫	māo
catalogue	目录	mùlù
cauliflower	花菜	huācài
cause	原因	yuányīn
cave	岩洞	yándòng
CD	光盘 / 光碟	guāngpán, guāngdié
CD-ROM	光盘阅读器	guāngpán yuèdúqì
celebrate	庆祝	qìngzhù
cemetery	墓地	mùdì
centigrade	摄氏	shèshì
centimeter	公分	gōngfēn
central heating	室内暖气	shì'nèi nuǎnqì
center (middle)	中间	zhōngjiān
center (of city)	（市）中心	(shì) zhōngxīn
ceramics	陶器	táoqì
certificate	证书	zhèngshū
chair	椅子	yǐzi
champagne	香槟酒	xiāngbīnjiǔ
chance	机会	jīhuì
change (alter, vary)	改变	gǎibiàn
change (money)	零钱	língqián
change (swap)	交换	jiāohuàn
change (trains/buses)	转车	zhuǎnchē
change the baby's diaper	换尿布	huàn niàobù
charge (expense, cost)	费用	fèiyòng
charter flight	包租的班机	bāozū de bānjī
chat	聊天儿	liáotiānr
cheap	便宜	piányi
check (bill)	帐单	zhàngdān
check (money order)	支票	zhīpiào
check (verb)	检查	jiǎnchá
check in	住店	zhùdiàn
check out	离店	lídiàn
checked luggage	检查行李	jiǎnchá xíngli
cheers!	干杯	gānbēi
cheese	乳酪 / 奶酪	rǔlào/nǎilào
chef	厨师	chúshī
chemist (pharmacy)	药店	yàodiàn
chess	国际象棋	guójì xiàngqí
chewing gum	香口糖	xiāngkǒutáng
chicken	鸡	jī
child	孩子	háizi
chilled	冰镇	bīngzhèn
chilli	辣椒	làjiāo
chin	下巴	xiàbā
China	中国	Zhōngguó
Chinese (in general)	中国的	Zhōngguóde
Chinese (language)	中文 / 汉语	Zhōngwén, Hànyǔ
Chinese (people)	中国人	Zhōngguórén
chocolate	巧克力	qiǎokèlì
choose	选择	xuǎnzé
chop (for name)	印章	yìnzhāng
chopsticks	筷子	kuàizi
church	教堂	jiàotáng
church service	礼拜	lǐbài
cigar	雪茄烟	xuějiāyān
cigarette	香烟	xiāngyān

Word list

15

circle (theater seats)	楼厅	lóutīng
circus	马戏	mǎxì
citizen	市民 / 公民	shìmín/gōngmín
city	城市	chéngshì
clean	干净	gānjìng
clean (verb)	弄干净	nòng gānjìng
clock	时钟 / 钟	shízhōng/zhōng
close	近 / 靠近	jìn/kàojìn
closed (shop, etc)	关门	guānmén
closed off (road)	封锁	fēngsuǒ
clothes, clothing	衣服	yīfu
clothes hanger	衣架	yījià
cloud	云	yún
coach (bus)	长途汽车	chángtúqìchē
coat (jacket)	外衣	wàiyī
coat (overcoat)	大衣	dàyī
cockroach	蟑螂	zhāngláng
coffee	咖啡	kāfēi
cold (not hot)	冷	lěng
cold, flu	感冒	gǎnmào
collar	衣领	yīlǐng
colleague	同事	tóngshì
collision	撞车	zhuàngchē
cologne	男性香水	nánxìng xiāngshuǐ
color	颜色	yánsè
colored	带颜色的	dài yánsè de
comb	梳子	shūzi
come	来	lái
come back	回来	huílai
comedy	喜剧	xǐjù
comfortable	舒服	shūfu
company (business)	公司	gōngsī
compartment	分隔间	fēn'géjiān
	（列车车厢的）	(lièchē chēxiāng de)
complain	抱怨	bàoyuàn
complaint	投诉	tóusù
completely	全部	quánbù
complex	复杂	fùzá
computer	电脑	diànnǎo
comrade	同志	tóngzhì
concert	音乐会	yīnyuèhuì
concert hall	音乐厅	yīnyuètīng
condensed milk	炼奶	liànnǎi
condom	避孕套	bìyùntào
confectionery	糖果	tángguǒ
confirm	确认	quèrèn
congratulations!	祝贺你	zhùhè nǐ
connection (transport)	连接点	liánjiēdiǎn
constipation	便秘	biànmì
consulate	领事馆	lǐngshìguǎn
consultation (by doctor)	看病 / 就诊	kànbìng/jiùzhěn
contact lens	隐型眼镜	yǐnxíng yǎnjìng
contagious	传染的	chuánrǎn de
contraceptive	避孕	bìyùn
contraceptive pill	避孕药	bìyùnyào
contract	合同 / 契约	hétóng/qìyuē
convenient	方便	fāngbiàn
cook (person)	厨师	chúshī
cook (verb)	做菜	zuòcài

cookie	小甜饼	xiǎotiánbǐng
copper	铜 / 紫铜	tóng/zǐtóng
copy	副本	fùběn
copy (verb)	抄写 / 模仿	chāoxiě/mófǎng
corner	角落	jiǎoluò
correct	对 / 正确	duì/zhèngquè
correspond	通信	tōngxìn
corridor	走廊	zǒuláng
corrupt	腐败	fǔbài
cosmetics	化妆品	huàzhuāngpǐn
cost	成本	chéngběn
cost (price)	价格	jiàgé
costly	贵 / 昂贵	guì/ángguì
costume	民族服装 / 戏装	mínzú fúzhuāng / xìzhuāng
cot	婴儿床 / 童床	yīng'érchuáng/tóngchuáng
cotton	棉布	miánbù
cotton wool	棉花	miánhuā
cough	咳嗽声	késoushēng
cough (verb)	咳嗽	késou
cough lolly	咳嗽糖	késou táng
cough syrup	咳嗽药水	késou yàoshuǐ
count (verb)	数 / 算	shǔ/suàn
counter	柜台	guìtái
country (nation)	国家	guójiā
country (rural area)	乡下	xiāngxià
country code	国家区号	guójiā qūhào
course of treatment	疗程	liáochéng
cousin	堂兄弟姐妹	tángxiōngdìjiěmèi
(children of father's brothers)		
cousin	表兄弟姐妹	biǎoxiōngdìjiěmèi
(children of father's sisters and mother' s siblings)		
cover (verb)	盖	gài
cow	母牛	mǔniú
crab	螃蟹	pángxiè
cramp (verb)	抽筋	chōujīn
crazy	疯狂的	fēngkuángde
credit card	信用卡	xìnyòngkǎ
crime	犯罪	fànzuì
cross (road, river)	越过	yuèguò
crossroads	十字路口	shízìlùkǒu
crutch	拐杖	guǎizhàng
cry	哭	kū
cubic meter	立方米	lìfāngmǐ
cucumber	黄瓜	huángguā
cuddly toy	引人搂抱的 玩具	yǐnrén lǒubào de wánjù
cuff	袖口	xiùkǒu
cufflinks	（衬衫袖口的） 链扣	(chènshān xiùkǒu de) liànkòu
cup	杯子	bēizi
curly	卷曲的	juǎnqūde
current (electric)	电流	diànliú
curtains	窗帘	chuānglián
cushion	垫子	diànzi
custom	习俗	xísú
customer	顾客	gùkè
customs	海关	hǎiguān
cut (injury)	伤口	shāngkǒu

cut (verb)	切 / 割	qiē/gē
cutlery	刀叉餐具	dāochā cānjù
cycling	骑自行车	qí zìxíngchē

D

dad	爸爸	bàba
daily	日常的	rìchángde
dairy products	奶制品	nǎizhìpǐn
damage (verb)	损害	sǔnhài
dance (verb)	跳舞	tiàowǔ
dance	舞会	wǔhuì
dandruff	头皮	tóupí
danger	危险	wēixiǎn
dangerous	危险的	wēixiǎn de
dark	暗 / 黑暗	àn/hēi'àn
date	日期	rìqī
date of birth	出生日期	chūshēng rìqī
daughter	女儿	nǚ'ér
day	天	tiān
day after tomorrow	后天	hòutiān
day before yesterday	前天	qiántiān
dead	死了	sǐ le
deaf	聋的	lóngde
decaffeinated	无咖啡因的	wúkāfēiyīn de
deceive	欺骗	qīpiàn
December	十二月	Shí'èryuè
decide	决定	juédìng
declare (customs)	报关	bàoguān
deep	深	shēn
deep freeze	急冻	jídòng
degrees	度	dù
delay	耽搁	dān'ge
delicious	好吃	hǎochī
deliver	运送	yùnsòng
democracy	民主	mínzhǔ
dentist	牙医	yáyī
dentures	假牙	jiǎyá
deny	否认	fǒurèn
deodorant	除体臭液	chútǐchòuyè
department store	百货商店	bǎihuòshāngdiàn
departure	出发	chūfā
departure time	起程时间	qǐchéng shíjiān
deposit (for safekeeping)	押金	yājīn
deposit (in bank)	存款	cúnkuǎn
desert	沙漠	shāmò
dessert	甜食	tiánshí
destination	目的地	mùdìdì
destroy	破坏	pòhuài
detergent	去垢剂	qùgòujì
develop (photo)	冲洗	chōngxǐ
diabetic	糖尿病	tángniàobìng
dial (phone)	拨（电话）	bō (diànhuà)
diamond	钻石	zuànshí
diaper	纸尿布	zhǐniàobù
diarrhea	泻肚子	xiè dùzi
dictionary	词典	cídiǎn
diesel oil	柴油	cháiyóu
diet	饮食	yǐnshí
different	不同	bùtóng

difficulty	困难	kùnnan
dining car	餐车	cānchē
dining room	餐厅	cāntīng
dinner	晚饭	wǎnfàn
direction	方向	fāngxiàng
direct flight	直航	zhíháng
directly	直接	zhíjiē
dirty	脏	zāng
disabled	残疾人	cánjirén
disappointment	失望	shīwàng
disco	迪斯科	dísīkē
discount	优惠	yōuhuì
dish	盘子	pánzi
dish of the day	今天推荐的菜	jīntiān tuījiàn de cài
disinfectant	消毒剂	xiāodújì
dislocate	脱臼	tuōjiù
dissatisfied	不满意	bù mǎnyì
distance	距离	jùlí
distilled water	蒸馏水	zhēngliúshuǐ
disturb	打扰	dǎrǎo
disturbance	骚乱	sāoluàn
divorced	离婚	líhūn
dizzy	头晕	tóuyūn
do	做	zuò
doctor	医生／大夫	yīshēng/dàifu
dog	狗	gǒu
doll	娃娃	wáwa
domestic	国内	guónèi
do not disturb	请勿打扰	qǐng wù dǎrǎo
door	门	mén
double	双倍	shuāngbèi
double bed	双人床	shuāngrénchuáng
down	下	xià
downstairs	楼下	lóuxià
draught	穿堂风	chuāntángfēng
dream	梦	mèng
dream (verb)	做梦	zuòmèng
dress (verb)	穿	chuān
dress	连衣裙	liányīqún
dress up	穿扮	chuānbàn
dressing gown	晨衣	chényī
dressing table	梳妆台	shūzhuāngtái
drink (alcoholic)	带酒精的饮料	dài jiǔjīng de yǐnliào
drink (refreshment)	饮料	yǐnliào
drink (verb)	喝	hē
drinking water	饮用水	yǐnyòngshuǐ
drive (verb)	开车	kāichē
driver	司机	sījī
driver's license	驾驶证	jiàshǐzhèng
drug (medicine)	药	yào
drug (recreational)	毒品	dúpǐn
drugstore	药店	yàodiàn
drunk	喝醉	hēzuì
dry	干	gān
dry (verb)	弄干	nònggān
dry-clean	干洗	gānxǐ
drycleaners	干洗店	gānxǐdiàn
duck	鸭子	yāzi
dumpling	饺子	jiǎozi

Word list

15

during	在…期间	zài ... qījiān
during the day	白天	báitiān
dust	灰尘	huīchén
duty (tax)	关税	guānshuì
duty-free goods	免税品	miǎnshuìpǐn
duty-free shop	免税店	miǎnshuìdiàn
DVD	数据录像机	shùjù lùxiàngjī
dynasty	朝代	cháodài

E

each	每	měi
each other	互相	hùxiāng
ear	耳朵	ěrduo
earache	耳朵疼	ěrduo téng
ear drops	耳药水	ěryàoshuǐ
early	早	zǎo
earn	赚	zhuàn
earrings	耳环	ěrhuán
earthquake	地震	dìzhèn
east	东边	dōngbiān
easy	容易	róngyì
eat	吃	chī
economy	经济	jīngjì
economy class	经济舱	jīngjìcāng
egg	鸡蛋	jīdàn
eggplant	茄子	qiézi
eight	八	bā
eighteen	十八	shíbā
eighty	八十	bāshí
electric fan	电风扇	diànfēngshàn
electricity	电	diàn
electronic	电子	diànzi
elephant	大象	dàxiàng
elevator	电梯	diàntī
eleven	十一	shíyī
email	电子邮件 / 依妹儿	diànzi yóujiàn/yīmèir
embarrassed	难为情	nánwéiqíng
embassy	大使馆	dàshǐguǎn
embroidery	刺绣	cìxiù
emergency	急诊	jízhěn
emergency brake	紧急刹车	jǐnjí shāchē
emergency exit	紧急出口	jǐnjí chūkǒu
emperor	皇帝	huángdì
empress	皇后	huánghòu
empty	空的	kōngde
end	完	wán
England	英国	Yīngguó
English (in general)	英国的	Yīngguóde
English (language)	英文 / 英语	Yīngwén/Yīngyǔ
English (person)	英国人	Yīngguórén
enjoy	享受	xiǎngshòu
enough	足够	zúgòu
enquire	问	wèn
enter	进入	jìnrù
entire	全部	quánbù
entrance	入口	rùkǒu
envelope	信封	xìnfēng
equality	平等	píngděng

especially	特别	tèbié
escalator	电动楼梯	diàndòng lóutī
essential	重要	zhòngyào
evening	晚上	wǎnshang
evening wear	晚装	wǎnzhuāng
every	每	měi
everybody	每个人	měi ge rén
everything	一切	yíqiè
everywhere	到处	dàochù
examine	检查	jiǎnchá
example	例子	lìzi
excellent	优秀的	yōuxiù de
exchange (money)	兑换	duìhuàn
exchange rate	兑换率	duìhuànlǜ
excuse me	请问	qǐngwèn
excursion	短途旅行	duǎntú lǚxíng
exhausted	累坏了	lèihuàile
exhibition	展览	zhǎnlǎn
exit	出口	chūkǒu
expenses	费用	fèiyòng
expensive	贵	guì
explain	解释	jiěshì
export	出口	chūkǒu
express (letter)	快递	kuàidì
express (train)	特快	tèkuài
external use	外用的	wàiyòng de
extension cord	接长电线	jiēcháng diànxiàn
eye	眼睛	yǎnjing
eye drops	眼药水	yǎnyàoshuǐ
eye specialist	眼科医生	yǎnkē yīshēng

F

fabric	布料	bùliào
face	脸	liǎn
factory	工厂	gōngchǎng
Fahrenheit	华氏	Huáshì
faint	昏厥	hūnjué
fall (season)	秋天	qiūtiān
fall (verb)	倒下来	dǎoxiàlái
false	假的	jiǎde
family	家庭	jiātíng
famous	有名	yǒumíng
fan	扇子	shànzi
far away	很远	hěn yuǎn
fare	票价	piàojià
farm	农场	nóngchǎng
farmer	农夫	nóngfū
fashion show	时装表演	shízhuāng biǎoyǎn
fast	快	kuài
fat	胖	pàng
father	父亲 / 爸爸	fùqin/bàba
father-in-law	岳父	yuèfù
fault	过错	guòcuò
fax	传真	chuánzhēn
February	二月	èryuè
feel	觉得	juéde
feel like	想要	xiǎng yào
fence	篱笆	líbā
ferry	渡船	dùchuán

festival	节日	jiérì
fever	发烧	fāshāo
few	极少 / 几个	jíshǎo/jǐge
few (number)	几个	jǐ ge
fiancé	未婚夫	wèihūnfū
fiancée	未婚妻	wèihūnqī
fifteen	十五	shíwǔ
fifty	五十	wǔshí
fill (verb)	装满	zhuāngmǎn
filling (dental)	填充物	tiánchōngwù
fill out (form)	填表	tiánbiǎo
film (cinema)	电影	diànyǐng
film (photo)	胶卷	jiāojuǎn
filter (lens)	滤光气	lùguāngqì
filter cigarette	香烟过滤嘴	xiāngyān guòlùzuǐ
find	找	zhǎo
fine food	美餐	měicān
fine (money)	罚款	fákuǎn
finger	手指	shǒuzhǐ
finish	完成	wánchéng
fire	失火	shīhuǒ
fire alarm	火警	huǒjǐng
fire department	消防局	xiāofángjú
fire escape	安全梯	ānquántī
fire extinguisher	灭火器	mièhuǒqì
first	第一	dìyī
first aid	急救	jíjiù
first class	头等	tóuděng
fish	鱼	yú
fish (verb)	钓鱼	diàoyú
fishing rod	鱼竿	yúgān
fitness club	健身俱乐部	jiànshēn jùlèbù
fitness training	健身锻炼	jiànshēn duànliàn
fitting room	试衣室	shìyīshì
five	五	wǔ
fix	修理	xiūlǐ
flag	旗	qí
flash (camera)	闪光灯	shǎnguāngdēng
flashlight	手电筒	shǒudiàntǒng
flavor	味道	wèidào
flight	班机	bānjī
flight number	班机号	bānjīhào
flood	洪水	hóngshuǐ
floor	楼 / 层	lóu/céng
flour	面粉	miànfěn
flu	感冒	gǎnmào
flush	冲洗	chōngxǐ
fly (insect)	苍蝇	cāngyíng
fly (verb)	飞	fēi
fog	雾	wù
foggy	下雾	xiàwù
folklore	民俗	mínsú
follow	跟随	gēnsuí
food (groceries)	食物	shíwù
food (meal)	饭菜	fàncài
food poisoning	进食中毒	jìnshí zhòngdú
foot (anatomy)	脚	jiǎo
football (soccer)	足球	zúqiú
forbidden	禁止	jìnzhǐ

foreign	外国的	wàiguó de
foreign exchange	外汇	wàihuì
forget	忘记	wàngjì
fork	叉子	chāzi
form	表格	biǎogé
formal dress	夜礼服	yèlǐfú
forty	四十	sìshí
forward	向前	xiàng qián
four	四	sì
France	法国	Fǎguó
free (no charge)	免费	miǎnfèi
free (unoccupied)	有空儿	yǒu kòngr
free time	空儿	kòngr
freedom	自由	zìyóu
freeze	结冰	jiébīng
French (in general)	法国的	Fǎguóde
French (language)	法语 / 法文	Fǎyǔ/Fǎwén
French (people)	法国人	Fǎguórén
french fries	炸薯条	zháshǔtiáo
fresh	新鲜	xīnxiān
Friday	星期五	Xīngqīwǔ
fried	油炸	yóuzhá
friend	朋友	péngyou
friendly	友好	yǒuhǎo
frightened	被吓着	bèi xiàzhe
fringe (hair)	前刘海儿	qián liúhǎir
from	从	cóng
front	前面	qiánmiàn
frozen	冰冻	bīngdòng
fruit	水果	shuǐguǒ
fruit juice	果汁	guǒzhī
frying pan	煎锅	jiān'guō
full	满	mǎn
fun	好玩儿	hǎowánr
funny	好笑	hǎoxiào
funeral	葬礼	zànglǐ

G

game	游戏	yóuxì
garage (car repair)	修车行	xiūchēháng
garbage	垃圾	lājī
garden	花园	huāyuán
garlic	大蒜	dàsuàn
garment	衣服	yīfu
gasoline	汽油	qìyóu
gas station	加油站	jiāyóuzhàn
gate	大门	dàmén
gem	宝石	bǎoshí
gender	性别	xìngbié
genuine	真的	zhēnde
get off (boat)	下船	xiàchuán
get off (bus, train)	下车	xiàchē
get on (boat)	上船	shàngchuán
get on (bus, train)	上车	shàngchē
German (language)	德语 / 德文	Déyǔ/Déwén
German (in general)	德国的	Déguó de
German (people)	德国人	Déguórén
Germany	德国	Déguó
gift	礼物	lǐwù

ginger	姜	jiāng
girl	女孩儿 / 姑娘	nǚháir/gūniang
girlfriend	女朋友	nǚpéngyou
give	给	gěi
given name	名字	míngzi
glass (for drinking)	杯子	bēizi
glass (material)	玻璃	bōli
glasses	眼镜	yǎnjìng
glossy (photo)	光面的	guāngmiàn de
gloves	手套	shǒutào
glue	胶水	jiāoshuǐ
go	去	qù
go back	回去	huíqù
go out	出去	chūqù
gold	金	jīn
golf	高尔夫球	gāo'ěrfūqiú
golf course	高尔夫球场	gāo'ěrfū qiúchǎng
good afternoon	你好	nǐ hǎo
goodbye	再见	zàijiàn
good evening	晚上好	wǎnshang hǎo
good morning	早上好	zǎoshang hǎo
good night	晚安	wǎn'ān
gram	克	kè
grandchild	孙子	sūnzi
granddaughter	孙女	sūnnǚ
grandfather (maternal)	外祖父 / 姥爷	wàizǔfù/lǎoye
grandfather (paternal)	祖父 / 爷爷	zǔfù/yéye
grandmother (maternal)	外祖母 / 姥姥	wàizǔmǔ/lǎolao
grandmother (paternal)	祖母 / 奶奶	wàizǔmǔ/lǎolao
grandparent (maternal)	外祖父母	wàizǔfùmǔ
grandparent (paternal)	祖父母	zǔfùmǔ
grandson	孙儿	sūn'ér
grapes	葡萄	pútao
grave	坟墓	fénmù
gray	灰色	huīsè
gray-haired	灰白	huībái
graze (injury)	擦破处	cāpòchù
greasy (food)	油腻	yóunì
green	绿色	lǜsè
green tea	绿茶	lǜchá
greengrocer	蔬菜水果店	shūcài-shuǐguǒdiàn
greeting	打招呼	dǎ zhāohu
grilled	烧烤	shāokǎo
grocery	杂货店	záhuòdiàn
groceries	杂货	záhuò
group	团体	tuántǐ
guide (book)	旅游指南	lǚyóu zhǐ'nán
guide (person)	导游	dǎoyóu
guided tour	解说的参观	jiěshuō de cānguān
guilty	有罪	yǒuzuì
gym	健身房	jiànshēnfáng
gynecologist	妇科医生	fùkē yīshēng

H

hair	头发	tóufa
hairbrush	梳子	shūzi
haircut	理发	lǐfà
hairdresser	理发师	lǐfàshī
hairdryer	吹风机	chuīfēngjī

hairspray	定型胶	dìngxíngjiāo
hairstyle	发型	fàxíng
ham	火腿	huǒtuǐ
half	一半	yībàn
half full	半满	bàn mǎn
hand	手	shǒu
hand brake	手闸	shǒuzhá
hand luggage	手提行李	shǒutí xíngli
hand towel	手巾	shǒujīn
handbag	女用手提包	nǚyòng shǒutíbāo
handkerchief	手绢儿	shǒujuànr
handmade	手工制的	shǒugōngzhì de
handsome	英俊	yīngjùn
hanger	衣架	yījià
happy	开心，高兴	kāixīn, gāoxìng
harbor	港口	gǎngkǒu
hard (difficult)	难	nán
hard (firm)	硬	yìng
hard seat (train)	硬座	yìngzuò
hard sleeper (train)	硬卧	yìngwò
hat	帽子	màozi
have	有	yǒu
have to	必需	bìxū
hay fever	花粉热	huāfěnrè
he	他	tā
head	头	tóu
headache	头疼	tóuténg
headlights	前灯	qiándēng
healthy	健康	jiànkāng
hear	听见	tīngjiàn
hearing aid	助听器	zhùtīngqì
heart	心脏	xīnzàng
heart attack	心脏病	xīnzàngbìng
heat	暖气	nuǎnqì
heater	暖炉	nuǎnlú
heavy	重	zhòng
heel (of foot)	脚后跟	jiǎohòugēn
heel (of shoe)	后跟	hòugēn
hello	你好	Nǐ hǎo
height	高度	gāodù
height (body)	身高	shēn'gāo
help (assist)	帮助 / 帮忙	bāngzhù/bāngmáng
Help! (for emergency)	救命阿！	Jiùmìng a!
helping (of food)	（食物的）一份	(shíwù de) yīfèn
here	这里 / 这儿	zhèlǐ/zhèr
high	高	gāo
highchair	高椅	gāoyǐ
high tide	高潮	gāocháo
highway	公路	gōnglù
hiking	徒步旅行	túbù lǚxíng
hire	租	zū
history	历史	lìshǐ
hitchhike	搭车	dāchē
hobby	爱好	àihào
holiday (festival)	节日	jiérì
holiday (public)	假日	jiàrì
holiday (vacation)	度假	dùjià
homesick	想家	xiǎngjiā
homosexual	同性恋	tóngxìngliàn

honest	诚实的	chéngshí de
honey	蜂蜜	fēngmì
hope	希望	xīwàng
horrible	可怕的	kěpà de
hors d'oeuvres	开胃菜	kāiwèicài
horse	马	mǎ
hospital	医院	yīyuàn
hospitality	好客	hàokè
hot (spicy)	辣	là
hot (warm)	热	rè
hot spring	温泉	wēnquán
hot water	热水	rèshuǐ
hot-water bottle	暖水袋	nuǎnshuǐdài
hotel	旅馆 / 宾馆	lǚguǎn/bīn'guǎn
hour	小时 / 钟头	xiǎoshí/zhōngtóu
house	房子	fángzi
how?	怎么	zěnme
how far?	多远?	Duō yuǎn?
how long?	多长?	Duō cháng?
how many?	多少 / 几个?	Duōshao?/Jǐ ge?
how much?	多少钱	Duōshao qián?
humid	潮湿	cháoshī
hundred	百	bǎi
hungry	饿	è
hurry (pressed)	急	jí
hurry (quickly)	赶快	gǎnkuài!
husband	丈夫	zhàngfu

I

I	我	wǒ
ice	冰	bīng
ice cream	冰激凌 / 冰淇淋	bīngjīlíng/bīngqílín
ice-skating	滑冰	huábīng
idea	主意	zhǔyì
identification (card)	身份证	shēnfènzhèng
identify	身份	shēnfèn
idiot	白痴	báichī
if	如果 / 要是	rúguǒ/yàoshi
ill	有病的	yǒubìng de
illegal	非法	fēifǎ
illness	病	bìng
imagine	想象	xiǎngxiàng
immediately	立刻 / 马上	lìkè/mǎshàng
important	重要	zhòngyào
impossible	不可能	bù kěnéng
improve	改进	gǎijìn
in	在…里	zài ... lǐ
in the evening	（在）晚上	(zài) wǎnshang
in the morning	（在）早上	(zài) zǎoshang
increase	增加	zēngjiā
indigestion	消化不良	xiāohuà bù liáng
Internet cafe	上网咖啡馆	shàngwǎng kāfēiguǎn
included	包括在内	bāokuò zài nèi
including	包括	bāokuò
income	收入	shōurù
indicate	打方向指示	dǎ fāngxiàng zhǐshì
indicator (car)	指示器	zhǐshìqì
inexpensive	便宜	piányi

infected	感染	gǎnrǎn
infectious	传染	chuánrǎn
inflammation	发炎	fāyán
inflation	通货膨胀	tōnghuò péngzhàng
information	信息	xìnxī
information desk	询问处	xúnwènchù
injection	打针	dǎzhēn
injured	受伤	shòushāng
innocent	无辜	wúgū
insect	虫子	chóngzi
insect bite	虫咬	chóng yǎo
insect repellent	驱虫剂	qūchóngjì
inside	在…里	zài ... lǐ
instead of	代替	dàitì
instructions	说明	shuōmíng
insurance	保险	bǎoxiǎn
intelligent	聪明	cōngmíng
interested	感兴趣	gǎn xìngqù
interesting	有趣	yǒuqù
internal use (medicine)	内服	nèifú
international	国际	guójì
interpreter	翻译／口译员	fānyì/kǒuyìyuán
intersection	十字路口	shízìlùkǒu
introduce	介绍	jièshào
introduce oneself	自我介绍	zìwǒ jièshào
invite	邀请	yāoqǐng
invoice	发票	fāpiào
Ireland	爱尔兰	Ài'ěrlán
iron (for clothes)	熨斗	yùndǒu
iron (metal)	铁	tiě
iron (verb)	熨	yùn
island	岛	dǎo
Italian (in general)	意大利的	Yìdàlìde
Italian (language)	意大利语	Yìdàlìyǔ
Italian (people)	意大利人	Yìdàlìrén
Italy	意大利	Yìdàlì
itchy	痒	yǎng
itinerary	日程表	rìchéngbiǎo

J

jack (for car)	千斤顶	qiānjīndǐng
jack (verb)	顶起	dǐngqǐ
jacket	外套	wàitào
jade	玉	yù
jam	果酱	guǒjiàng
January	一月	Yīyuè
Japan	日本	Rìběn
Japanese (in general)	日本的	Rìběnde
Japanese (language)	日文／日语	Rìwén/Rìyǔ
Japanese (people)	日本人	Rìběnrén
jasmine tea	茉莉花茶	mòlì huāchá
jazz	爵士音乐	juéshì yīnyuè
jeans	牛仔裤	niúzǎikù
jellyfish	水母	shuǐmǔ
jewelry	珠宝／首饰	zhūbǎo/shǒushì
jewelry shop	珠宝店	zhūbǎodiàn
job	工作	gōngzuò
jog	跑步	pǎobù
joke	笑话	xiàohuà

journalist	记者	jìzhě
journey	路途	lùtú
juice	果汁	guǒzhī
July	七月	Qīyuè
June	六月	Liùyuè
jumper	毛衣	máoyī
just (only)	只	zhǐ
just (very recently)	刚才	gāngcái

K

keep	留	liú
kerosene	煤油	méiyóu
key	钥匙	yàoshi
kilogram	公斤	gōngjīn
kilometer	公里	gōnglǐ
king	国王	guówáng
kitchen	厨房	chúfáng
knee	膝盖	xīgài
knife	刀子	dāozi
knit	打毛衣	dǎ máoyī
know (facts)	知道	zhīdao
know (people)	认识	rènshi

L

laces (for shoes)	鞋带	xiédài
lake	湖	hú
lamb (mutton)	羊肉	yángròu
lamp	灯	dēng
land (ground)	地	dì
land (verb)	着陆	zhuólù
landscape	风景	fēngjǐng
lane (of traffic)	路线	lùxiàn
language	语言	yǔyán
large	大	dà
last (endure)	持续	chíxù
last (final)	最后	zuìhòu
last night	昨晚	zuówǎn
late	晚	wǎn
late in arriving	迟到	chídào
later	过一会儿	guò yìhuǐr
laugh	笑	xiào
launderette	洗衣店	xǐyīdiàn
laundry soap	洗衣粉	xǐyīfěn
law	法律	fǎlǜ
lawyer	律师	lǜshī
laxative	轻泻剂	qīngxièjì
lazy	懒惰	lǎnduò
leaded petrol	含铅汽油	hánqiān qìyóu
leak	漏水	lòushuǐ
learn	学	xué
leather	皮革	pígé
leave	离开	líkāi
leave (train/bus)	开车	kāichē
least	最少	zuìshǎo
least (at least)	至少 / 起码	zhìshǎo/qǐmǎ
left (direction)	左边	zuǒbiān
left behind	留下	liúxià
leg	腿	tuǐ
legal	合法	héfǎ

leisure	空闲	kōngxián
lemon	柠檬	níngméng
lend	借	jiè
lens (camera)	镜头	jìngtóu
less	少一点儿	shǎo yìdiǎnr
letter	信	xìn
letter-writing paper	信纸	xìnzhǐ
lettuce	莴苣	wōjù
library	图书馆	túshūguǎn
license	执照	zhízhào
lie (be lying)	说慌	shuōhuǎng
lie (falsehood)	慌话	huǎnghuà
lie down	躺下	tǎngxià
lift (elevator)	电梯	diàntī
light (lamp)	灯	dēng
light (not dark)	亮	liàng
light (not heavy)	轻	qīng
light bulb	灯泡	dēngpào
lighter	打火机	dǎhuǒjī
lightning	闪电	shǎndiàn
like (verb)	喜欢	xǐhuan
linen	床单	chuángdān
lip	嘴唇	zuǐchún
lipstick	口红	kǒuhóng
listen	听	tīng
liter	升	shēng
little (amount)	一点儿	yìdiǎnr
little (small)	小	xiǎo
live (alive)	活着	huózhe
live (verb)	生活	shēnghuó
liver	肝	gān
lobster	龙虾	lóngxiā
local	本地	běndì
lock	锁	suǒ
long	长	cháng
long-distance call	长途电话	chángtú diànhuà
look at	看	kàn
look for	找	zhǎo
look up	查	chá
lose (not win)	输	shū
loss	损失	sǔnshī
lost (can't find way)	迷路	mílù
lost (missing)	丢了	diūle
lost and found office	失物招领处	shīwù zhāolǐngchù
loud	大声	dàshēng
love	爱情	àiqíng
love (verb)	爱	ài
low	低	dī
low tide	低潮	dīcháo
LPG	煤气 / 石油气	méiqì/shíyóuqì
luck	运气	yùnqì
luggage	行李	xíngli
luggage locker	行李存柜	xíngli cúnguì
lunch	午饭	wǔfàn
lungs	肺	fèi
lychees	荔枝	lìzhī

M

| magazine | 杂志 | zázhì |

mail (letters)	信	xìn
mail (verb)	寄	jì
mailbox	邮筒	yóutǒng
main	主要	zhǔyào
main road	主干路	zhǔgànlù
make, create	做 / 制造	zuò/zhìzào
make an appointment	预约	yùyuē
make love	做爱	zuò'ài
makeshift	临时凑合	línshí còuhé
makeup	化妆品	huàzhuāngpǐn
man	男人	nánrén
manager	经理	jīnglǐ
Mandarin (language)	普通话 / 国语	Pǔtōnghuà/Guóyǔ
manicure	修甲	xiūjiǎ
many	很多	hěnduō
map	地图	dìtú
March	三月	Sānyuè
marital status	婚姻状态	hūnyīn zhuàngtài
market	市场	shìchǎng
married	已婚	yǐhūn
massage	按摩	ànmó
match	比赛	bǐsài
matches	火柴	huǒchái
matte (photo)	绸面的	chóumiànde
mattress	床垫	chuángdiàn
May	五月	Wǔyuè
maybe	也许	yěxǔ
meal	餐	cān
meaning	意思	yìsi
measure (verb)	量	liáng
meat	肉	ròu
medicine	药	yào
meet	见面	jiànmiàn
meeting	会议	huìyì
mend	修补	xiūbǔ
menu	菜单	càidān
merchant	商人	shāngrén
message	留言 / 便条	liúyán/biàntiáo
metal	金属	jīnshǔ
meter (in taxi)	计程器	jìchéngqì
meter (measure)	（一）米 / 公尺	(yī) mǐ/gōngchǐ
method	方法	fāngfǎ
midday	中午	zhōngwǔ
middle	中间	zhōngjiān
midnight	午夜	wǔyè
migraine	周期性偏头痛	zhōuqīxìng piāntóutòng
mild (climate)	温暖的	wēnnuǎnde
milk	牛奶	niúnǎi
millimeter	毫米	háomǐ
million	百万	bǎiwàn
mine	我的	wǒde
mineral water	矿泉水	kuàngquánshuǐ
minute	分（钟）	fēn(zhōng)
mirror	镜子	jìngzi
miss (flight, train)	没赶上	méi gǎnshàng
Miss (term of address)	小姐	xiǎojie
miss (think of)	想念	xiǎngniàn
missing	失踪了	shīzōngle
missing person	失踪者	shīzōngzhě

mist	薄雾	bówù
misty	有薄雾	yǒu bówù
mistake	错误	cuòwù
mistaken	弄错	nòngcuò
misunderstanding	误会	wùhuì
modern	现代的	xiàndàide
Monday	星期一	Xīngqīyī
money	钱	qián
monkey	猴子	hóuzi
month	月	yuè
moon	月亮	yuèliang
moped	机动自行车	jīdòng zìxíngchē
morning	早上	zǎoshang
more	多一点儿	duō yìdiǎnr
mosquito	蚊子	wénzi
mosquito net	蚊帐	wénzhàng
mother	妈妈 / 母亲	māma/mǔqin
mother -in-law	岳母	yuèmǔ
motorbike	摩托车	mótuōchē
mountain	山	shān
mouse	小老鼠	xiǎolǎoshǔ
mouth	嘴	zuǐ
move (heavy object)	搬	bān
movie	电影	diànyǐng
Mr (term of address)	先生	xiānsheng
Mrs (term of address)	太太	tàitai
MSG	味精	wèijīng
much	许多	xǔduō
mud	泥	ní
muscle	肌肉	jīròu
museum	博物馆	bówùguǎn
mushrooms	蘑菇	mógu
music	音乐	yīnyuè
musical instrument	乐器	yuèqì
Muslim	清真 / 穆斯林 / 回教	Qīngzhēn/Mùsīlín/Huíjiào
must	必须	bìxū
mutton	羊肉	yángròu
my	我的	wǒde

N

nail (finger)	指甲	zhǐjiǎ
nail (metal)	钉子	dīngzi
nail clippers	指甲钳	zhǐjiǎqián
nail file	指甲锉	zhǐjiǎcuò
nail scissors	指甲剪	zhǐjiǎjiǎn
napkin	餐巾	cānjīn
napkin, sanitary	月经带	yuèjīngdài
nappy, diaper	尿布	niàobù
nationality	国籍	guójí
natural	自然的	zìránde
nature	自然界	zìránjiè
nauseous	作呕	zuò'ǒu
near	离…近	lí ... jìn
nearby	附近	fùjìn
necessary	必需	bìxū
neck	脖子	bózi
necklace	项链	xiàngliàn
necktie	领带	lǐngdài

needle	针	zhēn
negative (photo)	底片	dǐpiàn
neighbor	邻居	línjū
nephew (son of father's brothers)	侄子 / 侄儿	zhízi/zhí'ér
nephew (son of father's sisters)	外甥	wàishēng
nephew (son of wife's siblings)	外甥	wàishēng
never	从来没有	cónglái méiyǒu
new	新	xīn
news	新闻	xīnwén
newspaper	报	bào
news stand	报亭	bàotíng
next	下一个	xià yí ge
next to	旁边	pángbiān
nice	好	hǎo
niece (daughter of father's brothers)	侄女	zhínǚ
niece (daughter of father's sisters)	外甥女	wàishēngnǚ
niece (daughter of wife's siblings)	外甥女	wàishēngnǚ
night	夜里	yèlǐ
nightclub	夜总会	yèzǒnghuì
nine	九	jiǔ
nineteen	十九	shíjiǔ
ninety	九十	jiǔshí
nipple (bottle)	象皮奶头	xiàngpí nǎitóu
no	不是	búshì
no entry	不准驶入	bùzhǔn shǐrù
no one	没有人	méiyǒu rén
no thank you	谢谢，我不要	xièxie, wǒ búyào
noise	嘈杂声 / 噪音	cáozáshēng/zàoyīn
noisy	嘈杂的	cáozáde
non-stop (flight)	直航	zhíháng
noodles	面条	miàntiáo
noon	中午	zhōngwǔ
normal	正常的	zhèngchángde
north	北边	běibiān
nose	鼻子	bízi
nose drops	鼻药水	bíyàoshuǐ
nosebleed	鼻出血	bí chūxuè
notebook	笔记本	bǐjìběn
notepad	信纸	xìnzhǐ
nothing	没有东西	méiyǒu dōngxi
novel	小说	xiǎoshuō
November	十一月	Shíyīyuè
now	现在	xiànzài
number	号码	hàomǎ
number plate	车牌号码	chēpái hàomǎ
nurse	护士	hùshi

O

obvious	明显	míngxiǎn
occupation	职业	zhíyè
October	十月	Shíyuè
of course	当然	dāngrán

off (gone bad)	坏了	huàile
off (turned off)	关上	guānshàng
office	办公室	bàn'gōngshì
oil	油	yóu
ointment	药膏	yàogāo
okay	行	xíng
old	老	lǎo
Olympics	奥林匹克运动会 / 奥运会	Àolínpǐkè Yùndònghuì / Àoyùnhuì
on, at	在…上	zài … shàng
on (turned on)	开	kāi
on the left	在…左边	zài … zuǒbiān
on the right	在…右边	zài … yòubiān
on the way	快到了	kuài dào le
once	一次	yí cì
one	一	yī
one-way ticket	单程票	dānchéngpiào
one-way traffic	单程路	dānchénglù
onion	洋葱	yángcōng
only	只有	zhǐyǒu
open	开门	kāimén
open (verb)	打开	dǎkāi
opera	歌剧	gējù
operate (surgeon)	做手术	zuò shǒushù
operator (telephone)	总机	zǒngjī
opportunity	机会	jīhuì
opposite	对面	duìmiàn
optician	眼镜商	yǎnjìngshāng
orange (color)	橙色	chéngsè
orange (fruit)	桔子	júzi
order (meal)	点菜	diǎncài
ordinary	普通的	pǔtōngde
other	别的 / 其他的	biéde/qítāde
other (alternative)	另外	lìngwài
our	我们的	wǒmende
outside	外面	wàimiàn
over there	那边	nàbiān
overseas	国外	guówài
overtake (vehicle)	超车	chāochē
owe	欠	qiàn

P

packed lunch	饭盒	fànhé
packet	包	bāo
page	页	yè
pagoda	宝塔	bǎotá
pain	痛	tòng
painkiller	止痛药	zhǐtòngyào
painting	画儿 / 绘画	huàr/huìhuà
pair	一双	yì shuāng
pajamas	睡衣	shuìyī
palace	宫殿	gōngdiàn
pan	锅	guō
pantie	紧身短衬裤	jǐnshēn duǎnchènkù
pants	裤子	kùzi
pantyhose	袜裤	wàkù
paper	纸	zhǐ
parcel	包裹	bāoguǒ
parents	父母	fùmǔ

park, gardens	公园	gōngyuán
parking space	停车位子	tíngchē wèizi
partner	伴侣 / 伙伴	bànlǚ/huǒbàn
party (event)	聚会	jùhuì
passenger	乘客	chéngkè
passport	护照	hùzhào
passport number	护照号码	hùzhào hàomǎ
pay (verb)	付钱	fùqián
pay the bill	付账	fùzhàng
peach	桃子	táozi
peanut	花生米	huāshēngmǐ
pear	梨	lí
pearl	珍珠	zhēnzhū
peas	豌豆	wāndòu
pedestrian crossing	人行横道	rénxíng héngdào
pen	钢笔	gāngbǐ
pencil	铅笔	qiānbǐ
penis	阴茎	yīnjīng
penknife	小刀	xiǎodāo
people	人	rén
pepper (black)	胡椒	hújiāo
pepper (chilli)	辣椒	làjiāo
performance	演出	yǎnchū
perfume	香水	xiāngshuǐ
perhaps	也许	yěxǔ
period (menstrual)	月经期	yuèjīngqī
permit	许可证	xǔkězhèng
permit (verb)	允许 / 准许	yǔnxǔ/zhǔnxǔ
person	人	rén
personal	私人的	sīréde
perspire	出汗	chūhàn
petrol	汽油	qìyóu
petrol station	加油店	jiāyóuzhàn
pharmacy	药店	yàodiàn
phone	电话	diànhuà
phone (verb)	打电话	dǎ diànhuà
phone booth	公用电话亭	gōngyòng diànhuàtíng
phone card	电话磁卡	diànhuà cíkǎ
phone directory	电话本	diànhuàběn
phone number	电话号码	diànhuà hàomǎ
photo	照片	zhàopiàn
photocopier	复印机	fùyìnjī
photocopy (verb)	复印	fùyìn
phrasebook	短语集	duǎnyǔjí
pick up (someone)	接	jiē
picnic	野餐	yěcān
pill (contraceptive)	避孕药	bìyùnyào
pills, tablets	药丸 / 药片	yàowǎn/yàopiàn
pillow	枕头	zhěntou
pillowcase	枕套	zhěntào
pin	大头针	dàtóuzhēn
pink	粉红色	fěnhóngsè
pineapple	波萝	bōluó
pity	可惜	kěxī
place	地方	dìfang
place of interest	名胜	míngshèng
plain (simple)	朴素	pǔsù
plan (intention)	打算	dǎsuàn
plan (map)	略图	lüètú

15

plane	飞机	fēijī
plant	植物	zhíwù
plastic	塑料	sùliào
plastic bag	塑料袋	sùliàodài
plate	盘子	pánzi
platform	月台 / 站台	yuètái/zhàntái
play (drama)	话剧	huàjù
play (verb)	玩儿	wánr
play golf	打高尔夫球	dǎ gāo'ěrfūqiú
play tennis	打网球	dǎ wǎngqiú
playground	运动场	yùndòngchǎng
playing cards	朴克牌	pùkèpái
please	请	qǐng
plug (electric)	插头	chātóu
plum	李子	lǐzi
pocket	口袋	kǒudài
pocketknife	小折刀	xiǎozhédāo
point out	指出	zhǐchū
poisonous	有毒的	yǒudúde
police	警察	jǐngchá
police station	公安局 / 警察局	gōng'ānjú/jǐngchájú
pond	池塘	chítáng
pool	游泳池	yóuyǒngchí
poor (not rich)	穷	qióng
poor (pitiful)	可怜	kělián
population	人口	rénkǒu
porcelain	瓷器	cíqì
pork	猪肉	zhūròu
porter (for bags)	服务员	fúwùyuán
possible	可能	kěnéng
post (verb)	寄	jì
post office	邮局	yóujú
postage	邮费	yóufèi
postbox	邮筒	yóutǒng
postcard	明信片	míngxìnpiàn
postcode	邮政编码	yóuzhèng biānmǎ
postpone	延期	yánqī
potato	土豆	tǔdòu
potato chips	炸薯条	zháshǔtiáo
poultry	家禽	jiāqín
powdered milk	奶粉	nǎifěn
practice	练习	liànxí
prawn	虾	xiā
precious stone	宝石	bǎoshí
prefer	更喜欢	gèng xǐhuan
preference	喜爱	xǐ'ài
pregnant	怀孕	huáiyùn
prepare	准备	zhǔnbèi
prescription	药方	yàofāng
present (gift)	礼物	lǐwù
present (here)	现在	xiànzài
pressure	压力	yālì
pretty	漂亮	piàoliang
price	价钱	jiàqián
price list	价格表	jiàgébiǎo
print (picture)	照片	zhàopiàn
print (from computer)	打印	dǎyìn
print (develop photo)	（晒）印	(shài) yìn
private	私人的	sīrénde

probably	大概	dàgài
problem	问题	wèntí
processing (film)	冲洗	chōngxǐ
product	产品	chǎnpǐn
profession	职业	zhíyè
profit	利润	lìrùn
program	节目	jiémù
promise	答应	dāyìng
pronounce	发音	fāyīn
prostitute	妓女	jìnǚ
protect	保护	bǎohù
province	省	shěng
public	公共	gōnggòng
pull	拉	lā
pull a muscle	扯伤肌肉	chěshāng jīròu
purchase	买	mǎi
pure	纯的	chúnde
purple	紫色	zǐsè
purse (for money)	钱包	qiánbāo
purse (handbag)	手袋	shǒudài
push	推	tuī
put	放	fàng
pyjamas	睡衣	shuìyī

Q

quality	质量	zhìliàng
quantity	数量	shùliàng
quarrel	吵架	chǎojià
quarter	四分之一	sìfēnzhīyī
quarter of an hour	一刻钟	yíkèzhōng
queen	王后	wánghòu
question	问题	wèntí
queue	排队	páiduì
quick	快	kuài
quiet	安静	ānjìng
quilt	被子	bèizi

R

rabbit	兔子	tùzi
radio	收音机	shōuyīnjī
railway	铁路	tiělù
railway station	火车站	huǒchēzhàn
rain	雨	yǔ
rain (verb)	下雨	xiàyǔ
raincoat	雨衣	yǔyī
rape	强奸	qiángjiān
rapids	急流	jíliú
rare	难得	nándé
rash	疹子	zhěnzi
rat	耗子 / 老鼠	hàozi/lǎoshǔ
raw	生的	shēngde
razor blade	剃刀片	tìdāopiàn
read	看书	kànshū
ready	准备好了	zhǔnbèihǎole
really	实际	shíjì
reason	原因	yuányīn
receipt	收据	shōujù
receive	收到	shōudào
reception desk	服务台	fúwùtái

Word list

recommend	推荐	tuījiàn
rectangle	长方形	chángfāngxíng
red	红色	hóngsè
red wine	红葡萄酒	hóng pútaojiǔ
reduction	降价	jiàngjià
refrigerator	冰箱	bīngxiāng
refund	退款	tuìkuǎn
refuse	拒绝	jùjué
regards	问候	wènhòu
region	地区	dìqū
registered	挂号	guàhào
regret	遗憾	yíhàn
relatives	亲戚	qīnqi
reliable	可靠	kěkào
religion	宗教	zōngjiào
remember	记得	jìde
rent/hire	租	zū
repair	修	xiū
repeat	重复	chóngfù
report (police)	报警	bàojǐng
represent	代表	dàibiǎo
reserve	保留	bǎoliú
responsible	负责	fùzé
rest	休息	xiūxi
restaurant	饭馆	fànguǎn
restroom	洗手间	xǐshǒujiān
result	结果	jiéguǒ
retired	退休	tuìxiū
return (come back)	回来	huílái
return (give back)	还	huán
return (go back)	回去	huíqù
return ticket	来回票	láihuípiào
reverse charges	对方付费	duìfāng fùfèi
rheumatism	风湿病	fēngshībìng
ribbon	丝带	sīdài
rice (cooked)	米饭	mǐfàn
rice (grain)	大米	dàmǐ
ridiculous	可笑的	kěxiàode
riding (horseback)	骑马	qímǎ
right (correct)	正确	zhèngquè
right (side)	右边	yòubiān
right of way	优先	yōuxiān
ring	戒指	jièzhǐ
rinse	冲洗	chōngxǐ
ripe	熟的	shúde
risk	冒险	màoxiǎn
river	河	hé
road	路	lù
roadway	车行道	chēxíngdào
roasted	烘烤	hōngkǎo
rock (stone)	石头	shítou
roof	屋顶	wūdǐng
room	房间	fángjiān
room number	房间号码	fángjiān hàomǎ
room service	房间服务	fánjiān fúwù
rope	绳子	shéngzi
round	圆形的	yuánxíngde
route	路线	lùxiàn
rowing boat	划艇	huátǐng

rubber (eraser)	橡皮擦	xiàngpícā
rubber (material)	橡胶	xiàngjiāo
rude	无礼的	wúlǐde
ruins	遗迹	yíjī
run (verb)	跑	pǎo
running shoes	赛跑鞋	sàipǎoxié

S

sad	难过	nánguò
safe	安全	ānquán
safe (for cash)	保险箱	bǎoxiǎnxiāng
safety pin	别针	biézhēn
salad	沙拉	shālā
sale	出售	chūshòu
sales clerk	售货员	shòuhuòyuán
salt	盐	yán
same	一样	yíyàng
sandals	凉鞋	liángxié
sandy beach	沙滩	shātān
sanitary towel	月经带	yuèjīngdài
satisfied	满意	mǎnyì
Saturday	星期六	Xīngqīliù
sauce	调味汁	tiáowèizhī
saucepan	平底锅	píngdǐguō
sauna	桑那浴	sāngnàyù
say	说	shuō
scald (injury)	烫伤	tàngshāng
scales	秤 / 天平	chèng/tiānpíng
scarf	围巾	wéijīn
scarf (headscarf)	头巾	tóujīn
scenery	自然风景	zìrán fēngjǐng
schedule	时刻表 / 日程表	shíkèbiǎo / rìchéngbiǎo
school	学校	xuéxiào
scissors	剪刀	jiǎndāo
screwdriver	起子 / 螺丝刀	qǐzi/luósīdāo
sculpture	雕塑	diāosù
sea	海	hǎi
seafood	海鲜	hǎixiān
season	季节	jìjié
seat	座位	zuòwèi
second (in line)	第二个	dì'èr ge
second (instant)	秒	miǎo
sedative	镇静剂	zhènjìngjì
see	看见	kànjiàn
seem	似乎	sìhū
send (fax)	发	fā
send (post)	寄	jì
sentence	句子	jùzi
separate	分开	fēnkāi
September	九月	Jiǔyuè
serious	严肃	yánsù
serious (injury)	严重	yánzhòng
service	服务	fúwù
seven	七	qī
seventeen	十七	shíqī
seventy	七十	qīshí
sew	缝	féng
shade	阴凉处	yīnliángchù

Word list

15

145

shallow	浅	qiǎn
shampoo	洗发剂	xǐfàjì
shark	鲨鱼	shāyú
shave (verb)	刮胡子	guā húzi
shaver	电动剃刀	diàndòng tìdāo
shaving cream	修面霜	xiūmiànshuāng
she, her	她	tā
sheet	被单	bèidān
shirt	衬衫 / 衬衣	chènshān/chènyī
shoe	鞋	xié
shoe polish	鞋油	xiéyóu
shop, store	商店	shāngdiàn
shop (verb)	购物	gòuwù
shop assistant	营业员	yíngyèyuán
shopping center	购物中心	gòuwù zhōngxīn
shop window	橱柜	chúguì
short (height)	矮	ǎi
short (length)	短	duǎn
shorts (short trousers)	短裤	duǎnkù
shoulder	肩膀	jiānbǎng
show to	给…看	gěi ... kàn
shower (for washing)	淋浴	línyù
shower (rain)	阵雨	zhènyǔ
shrimp	小虾	xiǎoxiā
shy	害羞	hàixiū
sightseeing	观光	guān'guāng
sign (road)	路标	lùbiāo
sign (verb)	签名	qiānmíng
signature	签名	qiānmíng
silk	丝绸	sīchóu
silver	银	yín
simple	简单	jiǎndān
since (until now)	自从	zìcóng
sing	唱歌	chànggē
single (only one)	单一	dānyī
single (unmarried)	单身	dānshēn
single ticket	单程票	dānchéngpiào
sir	先生	xiānsheng
sister (older)	姐姐	jiějie
sister (younger)	妹妹	mèimei
sit	坐	zuò
six	六	liù
sixteen	十六	shíliù
sixty	六十	liùshí
size	大小	dàxiǎo
size (clothes)	尺寸	chǐcùn
skiing	滑雪	huáxuě
skin	皮肤	pífū
skirt	裙子	qúnzi
sky	天空	tiānkōng
sleep	睡觉	shuìjiào
sleeping car	卧铺	wòpù
sleeping pills	安眠药	ānmiányào
sleepy	困	kùn
sleeve	袖子	xiùzi
slippers	拖鞋	tuōxié
slow	慢	màn
small	小	xiǎo
small change	零钱	língqián

smelly	臭味	chòuwèi
smile	笑	xiào
smoke (verb)	抽烟	chōuyān
smoke detector	烟火指示器	yānhuǒ zhǐshìqì
snack	小吃	xiǎochī
snake	蛇	shé
snow	雪	xuě
snow (verb)	下雪	xiàxuě
soap	肥皂	féizào
soap powder	皂粉	zàofěn
soccer	足球	zúqiú
soccer match	足球赛	zúqiúsài
socket (electric)	插座	chāzuò
socks	袜子	wàzi
socialism	社会主义	shèhuìzhǔyì
soft	软	ruǎn
soft drink	汽水	qìshuǐ
soft seat	软座	ruǎnzuò
soft sleeper	软卧	ruǎnwò
software	软件	ruǎnjiàn
soil	泥土	nítǔ
sole (of shoe)	鞋底	xiédǐ
some	一些	yìxiē
someone	有人	yǒurén
something	什么	shénme
sometimes	有时	yǒushí
somewhere	某处	mǒuchù
son	儿子	érzi
song	歌	gē
soon	不久	bùjiǔ
sore (painful)	痛 / 酸痛	tòng/suāntòng
sore (ulcer)	伤口	shāngkǒu
sore throat	喉咙疼	hóulóngténg
sorry	对不起，抱歉	duìbuqǐ/bàoqiàn
soup	汤	tāng
sour	酸	suān
south	南边	nánbiān
souvenir	纪念品	jìniànpǐn
soy sauce (salty)	咸酱油	xián jiàngyóu
soy sauce (sweet)	甜酱油	tián jiàngyóu
space	空间 / 地方	kōngjiān/dìfang
speak	讲 / 说	jiǎng/shuō
special	特别	tèbié
specialist (doctor)	专科医生	zhuānkē yīshēng
specialty (cooking)	好菜	hǎocài
speed limit	限定的速度	xiàndìngde sùdù
spell	用字母拼	yòng zìmǔ pīn
spend money	花钱	huāqián
spices	香料	xiāngliào
spicy	加香料的	jiā xiāngliào de
spider	蜘蛛	zhīzhū
spoon	勺子	sháozi
sport	体育运动	tǐyù yùndòng
sports center	体育中心	tǐyù zhōngxīn
spouse	配偶	pèi'ǒu
sprain	扭伤	niǔshāng
spring (season)	春天	chūntiān
square (plaza)	广场	guǎngchǎng
square (shape)	正方形	zhèngfāngxíng

square meter	平方米	píngfāngmǐ
stadium	体育场	tǐyùchǎng
stain	污点	wūdiǎn
stain remover	去污剂	qùwūjì
stairs	楼梯	lóutī
stale	不新鲜	bù xīnxiān
stamp	邮票	yóupiào
stand up	站起来	zhànqǐlái
star	星星	xīngxīng
start	开始	kāishǐ
station	站	zhàn
statue	雕像	diāoxiàng
stay overnight	留宿 / 过夜	liúsù/guòyè
steal	偷	tōu
steamed	蒸的	zhēngde
stepfather	继父	jìfù
stepmother	继母	jìmǔ
steps	台阶	táijiē
sterilize	消毒	xiāodú
sticky tape	胶带	jiāodài
stockings	长筒袜子	chángtǒng wàzi
stomach (abdomen)	肚子	dùzi
stomach (organ)	胃	wèi
stomach ache	肚子痛	dùzi tòng
stools	凳子	dèngzi
stop (bus)	站	zhàn
stop (cease)	停	tíng
stop (halt)	站住	zhànzhù
stopover	中途停留	zhōngtú tíngliú
store, shop	商店	shāngdiàn
storm	风暴	fēngbào
story (building)	层 / 楼	céng/lóu
straight	直的	zhíde
straight ahead	一直走	yīzhí zǒu
strange	奇怪	qíguài
straw (drinking)	麦管	màiguǎn
street	街	jiē
street vendor	小贩	xiǎofàn
strike (work stoppage)	罢工	bàgōng
string	绳子	shéngzi
strong	强壮	qiángzhuàng
study (room)	书房	shūfáng
study (verb)	学 / 学习	xué/xuéxí
stupid	笨 / 蠢	bèn/chǔn
sturdy	结实	jiēshi
subtitles	字幕	zìmù
suburb	郊区	jiāoqū
subway	地铁	dìtiě
succeed	成功	chénggōng
sugar	糖	táng
suit	一套西服	yí tào xīfú
suitcase	箱子	xiāngzi
suite	套房	tàofáng
summer	夏天	xiàtiān
sun	太阳	tàiyáng
Sunday	星期天 / 星期日	Xīngqítiān/Xīngqírì
sunglasses	墨镜	mòjìng
sunrise	日出	rìchū
sunshade	阳伞	yángsǎn

sunscreen	防晒油	fángshàiyóu
sunset	日落	rìluò
supermarket	超级市场	chāojí shìchǎng
sure	一定	yídìng
surface mail	海／陆邮寄	hǎi/lù yóujì
surname	姓	xìng
surprise	惊奇	jīngqí
swallow (verb)	吞	tūn
swamp	沼泽地	zhǎozédì
sweat (verb)	出汗	chūhàn
sweater	毛衣	máoyī
sweet	甜	tián
swim (verb)	游泳	yóuyǒng
swimming costume	游泳衣	yóuyǒngyī
swimming pool	游泳池	yóuyǒngchí
switch (light)	电灯开关	diàndēng kāiguān
swollen	肿了	zhǒngle
syrup	糖浆	tángjiāng

T

table	桌子	zhuōzi
table tennis	乒乓球	pīngpāngqiú
tablecloth	桌布	zhuōbù
tablemat	垫子	diànzi
tablespoon	大汤匙	dà tāngchí
tablets	药片	yàopiàn
tableware	餐具	cānjù
tailor's	裁缝店	cáifengdiàn
take (medicine)	吃药	chīyào
take (photograph)	照相	zhàoxiàng
take (time)	需要时间	xūyào shíjiān
takeaway	带走	dàizǒu
talk	谈话	tánhuà
tall	高	gāo
tampon	卫生栓	wèishēngshuān
Taoism	道教	Dàojiào
tap	水龙头	shuǐlóngtóu
tap water	非软用水	fēi yǐnyòngshuǐ
tape measure	软尺	ruǎnchǐ
tape recorder	录音机	lùyīnjī
taste (flavor)	味道	wèidào
taste (style)	趣味	qùwèi
taste (verb)	尝	cháng
tasty	好吃	hǎochī
tax	税	shuì
tax-free shop	免税店	miǎnshuìdiàn
taxi	出租汽车	chūzūqìchē
taxi stand	出租汽车站	chūzūqìchēzhàn
tea (black)	不加奶的茶	bù jiā nǎi de chá
tea (green)	绿茶	lǜchá
teacup	茶杯	chábēi
teapot	茶壶	cháhú
teaspoon	茶勺	chásháo
teat (bottle)	象皮奶头	xiàngpí nǎitóu
telephoto lens	望远镜头	wàngyuǎn jìngtóu
television	电视	diànshì
telex	电传	diànchuán
tell	告诉	gàosu
temperature (body)	体温	tǐwēn

temperature (heat)	温度	wēndù
temple	寺院	sìyuàn
temporary	暂时	zànshí
tender, sore	脆弱的	cuìruòde
tennis	网球	wǎngqiú
tennis court	网球场	wǎngqiúchǎng
ten	十	shí
ten thousand	万	wàn
tent	帐篷	zhàngpeng
terminus	终点站	zhōngdiǎnzhàn
thank	感谢	gǎnxiè
thank you, thanks	谢谢	xièxie
that	那（个）	nà (ge)
thaw (verb)	解冻	jiědòng
theater	剧院	jùyuàn
theft	偷盗	tōudào
their	他们的	tāmende
there	那边	nàbiān
there is (are)	有	yǒu
thermometer (body)	体温计	tǐwēnjì
thermometer (weather)	寒署表	hánshǔbiǎo
they	他们	tāmen
thick	厚	hòu
thief	贼	zéi
thigh	大腿	dàtuǐ
thin (not fat)	瘦	shòu
thin (not thick)	薄	bó
thing	东西	dōngxi
think (believe)	相信	xiāngxìn
think (ponder)	想／考虑	xiǎng/kǎolǜ
third (in a series)	第三	dìsān
third (1/3)	三分之一	sānfēnzhīyī
thirsty	渴	kě
this	这（个）	zhè (ge)
this afternoon	今天下午	jīntiān xiàwǔ
this evening	今天晚上	jīntiān wǎnshang
this morning	今天早上	jīntiān zǎoshang
thousand	千	qiān
thread	线	xiàn
three	三	sān
throat	喉咙	hóulóng
throat lozenges	润喉糖	rùnhóutáng
through (passage)	经过	jīngguò
thunder (verb)	打雷	dǎléi
thunderstorm	雷暴雨	léibàoyǔ
Thursday	星期四	Xīngqīsì
ticket (admission)	入场券	rùchǎngquàn
ticket (travel)	票	piào
ticket office	售票处	shòupiàochù
tide	潮水	cháoshuǐ
tidy	整齐	zhěngqí
tie (necktie)	领带	lǐngdài
tie (verb)	系	jì
tights (pantyhose)	袜裤	wàkù
tights (thick)	紧身衣裤	jǐnshēn yīkù
time	时间	shíjiān
time (occasion)	次	cì
times (multiplying)	乘	chéng
timetable	时刻表	shíkèbiǎo

tin (can)	罐头	guàntou
tin opener	罐头刀	guàntoudāo
tip (gratuity)	小费	xiǎofèi
tire	轮胎	lúntāi
tired	累	lèi
tissues (facial)	纸巾	zhǐjīn
toast (bread)	烤面包	kǎo miànbāo
toast (with drinks)	干杯	gānbēi
tobacco	烟草	yāncǎo
today	今天	jīntiān
toddler	学走的小孩	xué zǒu de xiǎohái
toe	脚趾	jiǎozhǐ
together	一起	yīqǐ
toilet	厕所 / 洗手间	cèsuǒ/xǐshǒujiān
toilet bowl	抽水马桶	chōushuǐ mǎtǒng
toilet paper	卫生纸	wèishēngzhǐ
toilet seat	马桶座圈	mǎtǒng zuòquān
toilet (seated)	坐厕	zuòcè
toilet (squat)	蹲厕	dūncè
toiletries	梳妆用品	shūzhuāng yòngpǐn
tomato	西红柿	xīhóngshì
tomb	陵墓	língmù
tomorrow	明天	míngtiān
tongue	舌头	shétou
tonight	今晚	jīnwǎn
too	太	tài
tool	工具	gōngjù
tooth	牙	yá
toothache	牙疼	yáténg
toothbrush	牙刷	yáshuā
toothpaste	牙膏	yágāo
toothpick	牙签	yáqiān
top	顶	dǐng
top up	加满	jiāmǎn
torch, flashlight	手电筒	shǒudiàntǒng
total	一共	yīgòng
touch	摸	mō
tour	参观	cānguān
tour group	旅行团	lǚxíngtuán
tour guide	导游	dǎoyóu
tourist class	经济舱	jīngjìcāng
toward	向	xiàng
towel	毛巾	máojīn
tower	塔	tǎ
town	市镇	shìzhèn
toy	玩具	wánjù
trade	贸易	màoyì
traffic	交通	jiāotōng
traffic light	红绿灯	hónglǜdēng
train	火车	huǒchē
train station	火车站	huǒchēzhàn
train ticket	火车票	huǒchēpiào
train timetable	火车时刻表	huǒchē shíkèbiǎo
transfer (bank)	过户	guòhù
translate (verb)	翻译 / 笔译	fānyì/bǐyì
translator	翻译	fānyì
travel	旅行	lǚxíng
travel agent	旅行社	lǚxíngshè
traveler	旅游者 / 旅客	lǚyóuzhě/lǚkè

traveler's check	旅行支票	lǚxíng zhīpiào
traveling bag	旅行包	lǚxíngbāo
treatment	治疗	zhìliáo
tree	树	shù
triangle	三角形	sānjiǎoxíng
trim (haircut)	修剪	xiūjiǎn
trip	旅行 / 旅程	lǚxíng/lǚchéng
trouble	麻烦	máfan
trousers	裤子	kùzi
truck	卡车	kǎchē
true	真的	zhēnde
trustworthy	可信的	kěxìngde
try	试	shì
try on	试穿	shìchuān
Tuesday	星期二	xīngqī'èr
tunnel	隧道	suìdào
turn (change direction)	转	zhuǎn
turn off	关上	guānshang
turn on	开	kāi
TV	电视	diànshì
TV guide	电视指南	diànshì zhǐ'nán
tweezers	镊子	nièzi
twelve	十二	shí'èr
twice	两次	liǎng cì
two (measure)	两	liǎng
two (numeral)	二	èr
typhoon	台风	táifēng

U

ugly	难看 / 丑	nánkàn/chǒu
ulcer	溃疡	kuìyáng
umbrella	伞	sǎn
under	在…底下	zài ... dǐxià
underground (subway)	地铁	dìtiě
underpants	内裤	nèikù
understand	懂	dǒng
underwear	内衣	nèiyī
undress	脱衣服	tuō yīfu
unemployed	失业	shīyè
uneven	不平坦	bù píngtǎn
university	大学	dàxué
unleaded petrol	无铅汽油	wúqiān qìyóu
until	直到	zhídào
up	上	shàng
upset (unhappy)	烦闷	fánmèn
upset stomach	胃不舒服	wèi bù shūfu
upstairs	楼上	lóushang
urgent	紧急	jǐnjí
urine	尿	niào
urinate (verb)	小便	xiǎobiàn
us	我们	wǒmen
use	用	yòng
used up	用完了	yòngwánle
useful	有用的	yǒuyòngde
useless	无用的	wúyòngde
usually	通常	tōngcháng

V

| vacancy | 空房 | kōngfáng |

vacant	空的	kōngde
vacation	假期	jiàqī
vacuum flask	保温瓶	bǎowēnpíng
vagina	阴道	yīndào
valid	有效	yǒuxiào
valley	山谷	shāngǔ
value	价值	jiàzhí
valuable	贵重	guìzhòng
valuables	贵重物品	guìzhòng wùpǐn
van	搬运车	bānyùnchē
vase	花瓶	huāpíng
vegetable	蔬菜	shūcài
vegetarian	吃素的	chīsùde
vein	血管／静脉	xuèguǎn/jìngmài
velvet	天鹅绒	tiān'éróng
vending machine	自动售货机	zìdòng shòuhuòjī
venomous	有毒的	yǒudúde
venereal disease	性病	xìngbìng
vertical	垂直的	chuízhíde
very	很	hěn
via	经由	jīngyóu
vicinity	附近	fùjìn
video camera	摄像机	shèxiàngjī
video cassette	摄像带	shèxiàngdài
video recorder	摄录机	shèlùjī
view	风景	fēngjǐng
village	村庄	cūnzhuāng
vinegar	醋	cù
visa	签证	qiānzhèng
visit	访问	fǎngwèn
visiting time	参观时间	cānguān shíjiān
vitamin tablets	维生素片	wéishēngsùpiàn
vitamins	维生素	wéishēngsù
volleyball	排球	páiqiú
vomit	呕吐	ǒutù
vulgar	粗俗的	cūsúde

W

waist	腰	yāo
wait	等	děng
waiter	服务员	fúwùyuán
waiting room	候车室	hòuchēshì
waitress	服务员	fúwùyuán
wage	工资	gōngzī
wake	叫醒	jiàoxǐng
wake up	醒来	xǐnglái
walk (noun)	散步	sànbù
walk (verb)	走	zǒu
walking stick	拐杖	guǎizhàng
wall	墙	qiáng
wallet	钱包	qiánbāo
want	要	yào
war	战争	zhànzhēng
warm	温暖的	wēnnuǎnde
warn (verb)	警告	jǐnggào
warning	警告	jǐnggào
wash	洗	xǐ
washing	洗的衣服	xǐ de yīfu
washing machine	洗衣机	xǐyījī

Word list

15

washing powder	洗衣粉	xǐyīfěn
washing room	洗手间	xǐshǒujiān
watch (look after)	看管	kānguǎn
watch (wristwatch)	表	biǎo
watch out	小心	xiǎoxīn
water	水	shuǐ
waterfall	瀑布	pùbù
watermelon	西瓜	xīguā
waterproof	不透水的	bútòushuǐde
way (direction)	方向	fāngxiàng
way (method)	方法	fāngfǎ
we	我们	wǒmen
weak	弱	ruò
wealthy	有钱 / 富有的	yǒuqián/fùyǒude
wear (clothing)	穿	chuān
weather	天气	tiānqì
weather forecast	天气预报	tiānqì yùbào
wedding	婚礼	hūnlǐ
Wednesday	星期三	Xīngqīsān
week	星期	xīngqī
weekday	周日	zhōurì
weekend	周末	zhōumò
weigh (verb)	称	chēng
weigh out	称出	chēngchū
weight	重量	zhòngliàng
welcome	欢迎	huānyíng
well (good)	好	hǎo
well (for water)	井	jǐng
west	西边	xībiān
West (Occident)	西方	Xīfāng
Western style	西式	Xīshì
Westernized	西化的	Xīhuàde
wet	湿的	shīde
what?	什么	shénme
wheelchair	轮椅	lúnyǐ
when?	什么时候	shénme shíhou
where?	哪里 / 哪儿	nǎli/nǎr
which?	哪个	nǎ ge
wide	宽	kuān
white	白色	báisè
white wine	白葡萄酒	bái pútaojiǔ
who?	谁	shéi/shuí
whose	谁的	shéide/shuíde
whole	全部 / 整个	quánbù/zhěngge
why?	为什么	wèishénme
wide-angle lens	广角镜	guǎngjiǎojìng
widow	寡妇	guǎfù
widower	鳏夫	guānfū
wife	妻子	qīzi
willing	愿意	yuànyì
wildlife	野生动物	yěshēng dòngwù
win	赢	yíng
wind	风	fēng
window (in room)	窗户	chuānghu
windscreen, windshield	挡风玻璃	dǎngfēng bōli
windscreen wiper	水拨	shuǐbō
wine	葡萄酒	pútaojiǔ
winter	冬天	dōngtiān
wire	金属线	jīnshǔxiàn

wish	希望	xīwàng
withdraw (bank)	提款	tíkuǎn
without	没有	méiyǒu
witness	证人	zhèngrén
woman	女人	nǔrén
wonderful	好极了	hǎojíle
wood	木头	mùtou
wool (knitting)	毛线	máoxiàn
wool (material)	羊毛	yángmáo
word	词	cí
work	工作	gōngzuò
working day	工作天	gōngzuò tiān
world	世界	shìjiè
worried	担心	dānxīn
worse	更坏的, 更差的	gènghuàide, gengchàde
worst	最坏的, 最差的	zuìhuàide, zuìchàde
worthwhile	值得	zhíde
wound	伤口	shāngkǒu
wrap	包	bāo
wrapping (paper)	包装纸	bāozhuāngzhǐ
wrench, spanner	扳手	bǎnshǒu
wrist	手腕	shǒuwàn
wristwatch	表	biǎo
write	写	xiě
write down	写下来	xiěxiàlái
writer	作家	zuòjiā
writing pad	写字本	xiězìběn
wrong	错的	cuòde

X

| x-ray | X 光片子 | X guāng piànzi |

Y

year	年	nián
yellow	黄色	huángsè
yes	对	duì
yes, please (acceptance)	好啊	hǎo a
yesterday	昨天	zuótiān
you	你	nǐ
you (plural)	你们	nǐmen
young	年轻	niánqīng
youth hostel	青年招待所	qīngnián zhāodàisuǒ
you're welcome	不谢	búxiè

Z

zero	零	líng
zip	拉链	lāliàn
zip (verb)	扣上拉链	kòushàng lāliàn
zoo	动物园	dòngwùyuán

Word list

15

Basic grammar

Compared to many European languages, Chinese grammar is quite simple. There are no verb conjugations, no plurals, no gender in nouns, no articles and the sentence order is intuitive to English speakers. This section presents Chinese grammar in parts of speech familiar to English speakers.

1 Word order

More often than not, Chinese word order is the same as in English:

subject - verb - object

| Wǒ | xué | Hànyǔ | 我 - 学 - 汉语 | I | study | Chinese |

2 Nouns and pronouns

Mandarin words are mostly made up of two characters and nouns are no different. No distinction is made between singular and plural nouns. When it is necessary to distinguish plurals, this is done through the use of measure words which indicate the number of items involved.

For example, the word for 'hotel', bīn'guǎn 宾馆 can be either singular or plural unless it is necessary to indicate that there are more than one. Thus,

yì jiā bīn'guǎn	一家宾馆	'one hotel'
liǎng jiā bīn'guǎn	两家宾馆	'two hotels'
sān jiā bīn'guǎn	三家宾馆	'three hotels'

In the above examples, the noun bīn'guǎn 宾馆 'hotel' is qualified by a number with the appropriate measure word jiā 家, which indicates whether or not it is singular or plural. You will notice that whereas the number èr 二 'two' is used in counting, e.g. yī, èr, sān... 'one, two, three ... ' 一二三 the word liǎng 两 'a couple of' replaces èr 二 'two' where a measure word is used.

Like nouns, Chinese pronouns do not change form whether they are used as subjects or objects. Simple personal pronouns are: wǒ 我 'I/me', nǐ 你 'you', tā 他 'he/him', tā 她 'she/her' and tā 它 'it' (the last three pronouns share the same pronunciation but are written with different characters).

Unlike nouns, however, Chinese pronouns can take on plural forms with the addition of the suffix - men 们, making the above examples into wǒmen 我们 'we/us', nǐmen 你们 'you (plural)', tāmen 他们 'they/them' (either all male or mixed)' and tāmen 她们 'they/them' (all female)'. Similarly, the pronoun for animals or insects is tāmen 它们 'they/them'. The suffix - men 们 is added to nouns only sparingly in greetings, e.g. nǚshìmen, xiānshengmen 女士们、先生们 'ladies and gentlemen', as it is unnecessary to indicate plural forms in nouns.

In addition to personal pronouns, there are demonstrative pronouns. For example, zhè 这 'this' and nà 那 'that'. It is important to note that a plural measure word xiē 些 is added to give the plural forms of these pronouns: zhèxiē 这些 'these' and nàxiē 那些 'those', so it is not a plural form in the sense that - men 们 is used.

3 Possessives and measure words

To make a possessive out of a noun or pronoun, simply add the particle de 的. Thus 'the tour guide's', 'Miss Li's', 'my' or 'mine', 'your' (singular) or 'yours', 'his/her', 'our', 'your (plural)' or 'yours (plural)' and 'their' or 'theirs' are dǎoyóu de 导游的, Lǐ xiǎojie de 李小姐的, wǒde 我的, nǐde 你的, tāde 他 / 她的, wǒmende 我们的, nǐmende 你们的, tāmende 他们的, respectively.

You have learnt to use measure words in conjunction with numbers to indicate the plural form of a noun. In English we say 'a slice/loaf of bread', 'a piece/ream of paper', 'a school of fish' etc. In Chinese this usage applies to all nouns in order to specify number, e.g. 'a book' is yìběn shū 一本书, 'a table' is yì zhāng zhuōzi 一张桌子 and 'two chairs' is liǎng bǎ yǐzi 两把椅子 etc. As you can see from the above examples, there isn't one unique measure word for each noun; measure words tend to describe classes of objects with similar characteristics. Thus the word běn 本 describes bound books, zhāng 张 describes wide, flat objects of many types such as tables, paper, bedsheets etc., and bǎ describes things with handles including chairs, knives, forks etc. Luckily for beginners of the language, there is a general-use measure word ge 个 which is used in simple phrases like zhè ge 这个 'this one', nà ge 那个 'that one', nǎ ge 哪个 'which one' or jǐ ge 几个 'how many (items)'?

4 Verbs

Chinese verbs are not conjugated, but keep one simple form regardless of the subject or tense. Thus the verb chī 吃 'eat' is the same whether the subject is I, you, he/she or they, and whether the action took place yesterday or will happen two days from now. There are ways to indicate tense in Chinese sentences, e.g. the use of time words before the verb, the use of the particles guo 过 and le 了 to indicate past and completed action, and the use of yào 要 and huì 会 to indicate future action. For example,

The use of time words before the verb:

Wǒ zuótiān chī jiǎozi.	我昨天吃饺子	'Yesterday I ate dumplings'
Wǒ jīntiān chī jiǎozi.	我今天吃饺子	'Today I eat dumplings'
Wǒ míngtiān chī jiǎozi.	我明天吃饺子	'Tomorrow I'll be eating dumplings'

Note that the Chinese verb chī 吃 'eat' does not change to indicate tense, this is done through the use of zuótiān 昨天 'yesterday', jīntiān 今天 'today' and míngtiān 明天 'tomorrow'.

The use of the particle guo 过 after the verb to indicate action occurred in unspecified time in the past:

| Wǒ chīguo jiǎozi. | 我吃过饺子 | 'I've eaten dumplings previously' |

The use of the particle le 了 after the verb to indicate action has just been recently completed:

| Wǒ chīle jiǎozi. | 我吃了饺子 | 'I've just eaten (the) dumplings' |

The use of the aspect partices yào 要 'want' or huì 会 'will/shall' before the verb to indicate future action:

| Wǒ yào chī jiǎozi. | 我要吃饺子 | 'I'm going to eat (the) dumplings' |
| Wǒ huì chī (nàxiē) jiǎozi de. | 我会吃（那些）饺子的。 | 'I'll be eating (the) dumplings' |

5 Adjectives

Adjectives in Chinese are simple as they don't need to agree in gender or number with the nouns they modify. They are sometimes called stative verbs as they incorporate the verb 'to be' in the sentence. In its positive form, adjectives are generally preceded by the adverb hěn 很 'very'. Thus Wǒ hěn gāoxìng 我很高兴 'I'm very happy.'

When adjectives modify nouns in phrases they generally precede the noun, often using the particle de in between. For example,

xiǎo xióngmāo	小熊猫	'a small panda'
zāng yīfu	脏衣服	'soiled clothings'
měilì de fēngjǐng	美丽的风景	'beautiful scenery'
míngguì de lǐwù	名贵的礼物	'expensive gift'
tǎoyàn de wénzi	讨厌的蚊子	'annoying mosquitos'

6 Adverbs

Just as adjectives precede the nouns they modify, adverbs are placed before verbs, adjectives or other adverbs to express time, degree, scope-, repetition, possibility, negotiation and tone of speech. Common examples are: hěn 很 'very', yě 也 'also', bǐjiào 比较 'rather', jiù 就 'then', zǒng 总 'always'. For example,

Chángchéng hěn cháng.	长城很长	'The Great Wall is long.'
Wǒ yě xiǎng chángchang Běijīng kǎoyā.	我也想尝尝北京烤鸭。	'I'd also like to try Beijing Duck.'
Shànghǎi xiàtiān bǐjiào rè.	上海夏天比较热。	'Shanghai is rather hot in summer.'
Nǐ xiān zǒu, wǒ mǎshàng jiù lái.	你先走，我马上就来。	'You go first, I'll catch up with you later.'
Wǔyuè de shíhou, zhèlǐ tiān zǒng xiàyǔ.	五月的时候，这里天总下雨。	'Around May, it is always raining here.'

7 Negatives

There are generally two particles that are used for forming the negative in Chinese. They are bù/bú 不 and méi 没. The one you're most likely to need is bù 不, sometimes pronounced as bú 不 when it precedes a word in the fourth tone. Both bù 不 and bú 不 are placed before verbs or adjectives to indicate negation in simple present tense. To indicate negation in the past tense, i.e. an action that has not been completed, méi 没 is used.

Guǎngzhōu dōngtiān bù lěng.	广州冬天 不冷。	'Guangzhou is not cold in winter.'
Shànghǎi dōngtiān bú xiàxuě.	上海冬天 不下雪。	'It does not snow in Shanghai in winter.'
Qùnián Běijīng méi xiàxuě.	去年北京没 下雪。	'Last year it didn't snow in Beijing.'

8 Interrogatives

There are three basic ways to ask questions in Chinese. The most common way is to add the particle ma to the end of a declarative sentence.

Nǐ lèi ma?	你累吗？	'Are you tired?'
Nǐ gāoxìng ma?	你高兴吗？	'Are you happy?'

The second way is to use the choice-type question which presents the listener with two opposite alternatives.

Nǐ lèi bu lèi?	你累不累？	'Are you tired?'
Nǐ gāo(xìng) bu gāoxìng?	你高（兴） 不高兴？	'Are you happy?'

The third way is by using an interrogative pronoun. Examples are shéi/shuí 谁 'who', shénme 什么 'what', zěnme 怎么 'how', nǎ 哪 'which', nǎli/nǎr 那里 / 哪儿 'where', wèishénme 为什么 'why', jǐ diǎnzhōng / shénme shíhou 几点钟 / 什么时候 'when'.

1. Nǐ shì shéi/shuí?	你是谁？	'Who are you?'
2. Nǐ jiào shénme míngzi?	你叫什么名字？	'What's your name?'
3. Nǐ zěnme jìnlái de?	你怎么进来的？	'How did you get in?'
4. Nǐ cóng nǎ ge mén jìnlái de?	你从哪个门 进来的？	'Which door did you get in?'
5. Nǐ bàba māma zài nǎli?	你爸爸妈妈在 哪里？	'Where are your parents?'
6. Nǐ wèishénme bù shuōhuà?	你为什么不说话？	'Why aren't you saying anything?'
7. Xiànzài jǐ diǎnzhōng le?	现在几点钟了？	'What's the time now?'
8. Nǐ shénme shíhou jìnlái de?	你什么时候 进来的？	'When did you come in here?'

In answering a question involving the interrogative pronoun, follow the grammar of the question and note its word order, changing the subject of the sentence where appropriate, e.g. nǐ 你 'you' becomes wǒ 我 'I' when you answer a question. Then, just substitute the noun for the interrogative pronoun. For example, when you asked the lost child who wandered into your room the above questions, the answers to some of these questions may be:

1. Wǒ shì Xiǎohuá.	我是小华。	'I'm Xiaohua.'
2. Wǒ jiào Wáng Xiǎohuá.	我叫王小华。	'My name is Wang Xiaohua.'
3. Wǒ mílùle.	我迷路了。	'I'm lost.'
4. Wǒ cóng nà ge mén jìnlái de.	我从那个门进来的。	'I got in from that door.'
5. Wǒ bàba māma zài bīn'guǎn.	我爸爸妈妈在宾馆。	'My parents are in the hotel.'
6. Wǒ mílù le, wǒ pà.	我迷路了，我怕。	'I'm lost, I'm scared.'
7. Wǒ bù zhīdao shì jǐ diǎnzhōng.	我不知道是几点钟。	'I don't know the time.'
8. Wǒ jìnlái hěn jiǔ le.	我进来很久了。	'I've been here a long time.'

9 Yes/no answers

For questions ending with the interrogative particle ma 吗。, take away the particle ma 吗, and answer according to the situation that you find yourself in. There are no specific words in Chinese for 'yes' and 'no' The closest equivalent is shìde 是的 and búshì 不是 respectively. Usually, when the Chinese are asked a question, they repeat the verb used in the question to answer in the affirmative. If they want to answer in the negative, they add bù 不 before the verb used in the sentence. Similarly, for choice-type question the opposite alternatives can be either 'yes' or 'no'. Thus,

'Yes' answer: Hěn lèi.	很累。	'Yes, I'm very tired.'
'No' answer: Bú lèi.	不累。	'No, I'm not tired.'
'Yes' answer: Gāoxìng.	高兴。	'Yes, I'm happy.'
'No' answer: Bù gāoxìng	不高兴。	'No, I'm not happy.'